林祖藻 主編

明清科考墨卷集

第二十二冊

卷六十四 卷六十五 卷六十六

蘭臺出版社

第二十二冊 卷六十四

孟子之滕館於上宮有業屨於牖上館人求之弗得或問之曰若是乎從者之廋也　王欽

○○○孟子之滕館於上宮有業屨於牖上館人求之弗得或問之

曰若是乎從者之廋也　十四名　王　欽

大賢之窮於遇也每致非禮之誚焉夫上宮之館滕君禮賢之地也從者之廋胡為乎致或人之疑哉嘗思世風之下也国君虚慕禮士之文而華小輩多刺譏之口以故造廬擁篲徒以羈縻天下士而承筐之雅既不爭群下之猜疑益甚以鄙夷不屑之務輒瀆陳於先生長者之前而曾不顧其難安其亦非禮甚矣昔孟子轍環齊梁間後車數十從者數百所至為諸大夫国人矜式一日驅車至滕跡不等優屨之氓衒非同捆屨之業其為滕君之敬禮有

加也固宜故上宮之館識者不以為孟子槩而以其君為有好賢之意云士人誦法先王禮讓自彬彬可式即擔簦躡蹻跬步不離乎矩矱之餘此孟子所以儒冠儒服而令世主傾心者也列辟虛懷下士儀節以燿為隆當枉駕停驂夏屋豈遽有權輿之嘆此滕君所以授餐適館而令尚賢駐足者也衛是上宮之地既已停長者之草自必掃除清潔謹司管鑰而滕君以時請謁奉几授杖概在於斯矣一切食其事而勞其力者懸不得溷跡其間恐以是藝我孟子也不意牖上有業屨之紹館人有失屨之事夫戰國之士氣靡多縱橫排闔之家已不言先王之言行不法先王之法託

孟子之滕館於上宮有業屨於牖上館人求之弗得或問之曰若是乎從者之廋也　王欽

見賢近國依寺人而得於廣廈細旃之上接麻而陳官庭殿陛之聞風躍而進而雞鳴狗盜之徒因雜出乎其中一時之冒昧无識者蓋意吾孟子客遊齊梁傳食諸侯亦似排闥者流而漫以非禮之言輕相臆度也若是乎從者之廋或人即婉致其詞其堪令長者闌哉殆知楚過可期則酒醴羅贊之有賊諒不能為側席之虛文啟即此離宮壯麗使符著優游寢處亦以見人心猶古而緇衣之雅好原不絕於臣驕臣忌之時天行有兆則輔世長民之猷皆不至為細人之口實乃偶爾縶駒下國使賢豪此訕訐因以見吾道之窮而盛德之感通難復望諸世俗澆漓之日進孟子進而

魁卷

易中參

詰之而或之設科數語特有當於立教之心故詳誌之

易四房

孟子之滕　全章

金壇縣學師月課本學一名　王荀鶴

說有不容過泥者信其師而非必疑其弟也夫以成人為真有疑於從者則亦泥矣觀設科之言共相信固亦在耳今夫人立身而使人疑之者非賢者也而不能禁人之不疑之也然亦豈無有疑之者何則彼其於君子平日之用心未嘗不深知之也昔者孟子之滕君弗能用也然而上宮之館滕亦深知隆禮焉矣何有館人者求屨弗得而或者於從者而疑之疑之乎抑疑之爾彼見孟子儼然風塵所如不合日與其徒憮然相對寥落寡和顛于無聊中遂為聽泯矣[illegible]之情而曰若是乎從者之廋也戚之也未必然之詞也惟孟子亦心

知其意也而隨問而隨應之曰子以是爲竊屨來與許之乎亦戲之爾而非必謂或人之真疑其竊屨也何也欲或人者于君子平日之用心固未嘗不深知之也夫君子之爲學也不忍計其效也惟因而絕其來也學者之爲學也止期其有是心也是以受其正也此其平日之用心固已如是而或人乃淺以知之漸其爲人亦必非縱所見者而詆以今日之來勝者謂其爲竊屨乎然則豪之爲言果戲之非疑之也抑亦明甚不然何始而相疑之深卒相信之甚也豈其言前後若出兩人哉記者存其設辭之言而不病其竊屨之戲所其可知也已

顯然天放動與古會高手也東聚五
故是戲墨却妙在將問答作派一氣滚出設科云云甚有手法

○○○孟子之滕　廋也　　二名　左　衢

記大賢之館於滕，幾爲從者累矣。夫館孟子於滕，滕之加禮於孟子也，乃因業屨之失，而疑從者之廋，亦何言之大謬耶。時至戰國，說世希蒙之徒，聯縱促橫，人國或立談而取冠綏，或醜顏而享尚縉，其隱曲幾不堪聞，而賢者抱道而自守，宜其尊禮有加矣。乃於加禮之時，轉移以非義之舉挪，又何也。說在孟子之滕，昔者春秋有孔子與其徒轍環天下，棲棲道途，皃皃興悲，悲鳴致慨，又何望式廬擁彗之風也。孟子私淑聖人，情殷當世，而後車數十，從者數百，或者疑其爲泰，以故拂衣泗上，避席雪宮，佇目臨淄，悵懷梁池，不得已

墨卷　易一房

題卷　易一房

而之勝上宫之餼其大有為之兆與履文昭之片壤頻傳道左征

車難即京之鐵典熙存而此邦尚可與更則擔簽蹋蹄自何與適

館之鄉繆撫叔繍之遺邦耶慰風塵蹶踊踴並坐之鼓篚未協而

嘉賓何有可卹則致粟我餐適類築宫之欸洎意其君之加禮於

過乎者有獨陰則其加禮於孟子之從者亦無不厚况館垣既葺

舉裹不戒而失前禽而與隸攸同何致慢藏而嗟誨盜若是乎從

者亦卒有竊舍矣而何意業屨之失致疑從者之廋哉謂分星設

禁已中戒備之嚴而竊之操其有者何取諸宫中而用之也豈其

聚足難備蟻致興思於納屨謂擊柝聲聞足備中宵之衛而竊之

顯所有者初不殊細紛之扣攦也豈其防閑偶備竟致失守於重
門闌上之嚴求之弗得或人所云得毋以小人之心而度君子哉
曖耶亦何求非所求至此憶採囊胠篋比匪為傷此在和流下也
距闢所色沮豈出大賢之門者轉忍而蹈此耶斯言也當必舉足
高蹈接淅而行者矣而孟子猶諄諄以屨為新語其心無所不容
所見其教隨在可說也

孟子之滕　廋也　壬申會墨　李炯

記館滕之事不必其言之當也夫求屨細事耳何於滕乎誌之豈或人之問意固有不在于屨者乎且人情至最不經之際吾黨常樂得而究觀之何則士君子不幸為世詬病要必有其近似之端以藉疑謗之口至於不相類而強相蒙則必有主乎說之先者而非徒以肆其無稽已也昔者孟子來滕上宮是館夫滕君賢君上宮禮賢地也必將謹燥濕防寇盜進館人而受命焉猶懼無以安高賢駕也詎有先生長者之側忽陳苟賤不薦之行哉乃當日閒有求屨弗得致疑從者一事物情之相傾也不起于所貴起于所

賤許行之徒託並耕以隳壞吾術而其實不過捆屨一賤士斯道之日晦也不徵于其大徵于其細於陵之輩託矯廉以顯竊吾名而其實亦不過織屨一細人噫屨何物乎而重為孟子病乃若是其不謀而合也或人抑又甚焉者矣雖然世祿井田日陳先王之高義規模可謂宏遠矣守師說貸惡其棄于地而謂吾徒物不免攘之人或即蓄毀忍為此言乎中國授室卒虛時子之留行介節可謂堅貞矣昔之日萬鍾不以易其介今之日一屨亦足敗其廉或即不諒能勿動于心乎曰若是乎從者之廋夫或固知其非廋者也天下萬無一有之理苟可藉以伸吾之說則且明知而故疑

之辨既開而因以為說之所自引而不情之識議正無妨驚駭于聽聞天下說無可入之處苟有可以得彼之閒則必求端而竄入之事本誣而若為勢之所必通而不類之情形翻覺其談言之微中不然以庸人所弗屑而謂賢者之或為既無當于毀譽之數以立心可共明而謂包蓋所勿恤又何容其詰辯之詞乃牖上之屨及今傳之者行道之過窮而傳道之心負也

看得從者之廋一間正是為設科一段張本相題有識立言有體 原許

孟子之滕館於上宮有葉屨於牖上
館是求之弗得或問之曰若是乎從者之廋也　李祖惠

孟子之滕館於上宮有業屨於牖上館是求之弗得或問之
曰若是乎從者之廋也　二名　李祖惠

以疑事疑及門於言則無當矣夫業屨至微何至以疑從者豈孟子所之之窮歟不然則或尚有一言之當於道也故誌之昔孟子願學孔子而巖巖之氣象與大聖人差異樂正實高弟合館定而求見幾無所置足焉何曹交滕更輩不及與互鄉問里之童子同拂拭而來前也夫不能容舖啜之人又何堪有苟且之行乃夷考當日轍跡之所經歷有竊了焉以是致疑者彼其之滕上宮乎館發圖善國上宮亦審地論重門之所做千取之倫出入固無雜賓

失得可以弗恤初不意細人之事近出肘腋之間一變至微而業
則猶然未成之數也牖以納明而置之其上亦非有慢藏之誨也
館人求之弗得事之相左耶抑有其廋者而致然也夫當日高毽
長纓之輩類皆雞鳴狗盜之雄即捆屨織席之人亦多經縱自營
之意此而疑其廋何足深辨不意或者之亦乃疑吾門之從者也
聞言之名人多不護細行束縛馳驟至則靡耳遑非常之素習學
不以爲嫌附青雲之士翱翔而轉相喜從者之廋其以是徼寵君
倀倀之不時道途行李之乏困微其詞而若無所得主名尊所指
而已不鮮律約絕在明爽之初九日有文往主人有言其今日上

孟子之滕館於上宮有葉屨於牖上
館是求之弗得或問之曰若是乎從者之廋也　李祖惠

宮之謂歟夫君子於事之[illegible]其無關大體皆往往褻而鄙道一言以
為鄉一言以為不知況乎以猥鄙之行而輕疵大賢之門然而或
人固議從者也一介不以與人一介不以取諸人苟所得不若輩
恐孟氏之逆廬無人焉而今也數十人擁謙咏歎於上宮之中解
躡跡馬於館牖之側不知視夫子三千七十子之和從何如也乎
詩有敎無類之旨藉此得印乎天下後世則不入耳之言來相詬
願俾令彼心事怨懼于光明而共切則大矣故為之忠所緣起而
非從以悲吾道之窮也

孟子之滕　廋也　　　李章堉

誌之滕之細事、或人之疑誠淺矣、夫業屨之弗得何足誌以或之一問誌之也。遽疑從者之廋、其見毋乃淺歟、且士君子敖遊人國而追隨所至戶外之屨幾滿矣。若旅占頻頻往往畧而弗道乃高賢偶邀尊榮之文意外忽有謗侮之集其事固無損於生平獨惜夫挾所疑而來者積念欲抒而微文刺譏遂不自知其言之蹸於躁妄也吾孟子歷聘侯庭後車數十從者數百初不聞有權篡築宮之禮之梁之齊終不見用孟子之道屈抑亦從者之數奇也一日者孟子之滕而以館於上宮傳一小邦適館之文與授餐而並致

未見

房評：象外游神，甚覩自在。

房評：嵱瀏之蔚合蓄有。

房評：冷處着一層。

墨卷□本　乾隆壬申恩科　□□堂

使有人焉曲致其殷勤吾知咏緇衣者偏在叔繡之封也而無憂
客使豈其訏不速之來名賢駢足之區與行事而俱留使有人焉
夙深其傾慕吾知賦白駒者乃在儐人之屬也而願附末光亦當
居第予之列乃上宮無足異而所異者適有業屨於牖上舘人求
宇中布置梅閣玲瓏
之弗得一事一二至瑣屑而難道幾無足爲吾黨所重輕而偏以是
動苟求者之心則雖纖而必錄夫以孟子之所之立於沼上見於
秀拔宕山雨洗石骨都清
雩宮一生之舉止共見光明乃其事漠不相涉而嘖有煩言如故
伺其閒以娓致其若嘲若諷之情論既出於不經而迹幾無由共
白此亦隨所之而輒窮者矣言至猥褻而難明亦豈足爲吾黨相

傾軋而偏以是滋好脩者之羞則鋒賫而必誌夫以孟子之所之
傳食有譏素餐有誚庸人之譏諭動輒猜疑乃其言況而愈下而
毫無忌憚如素蓄其疑以自伸其突如來如之說本其意中所私
度聊作局外之游談此亦聞所問而不解者矣若是乎從者之廋
吾不知或人何所聞而遽有是言也亦不知或人何所見而敢為
此論也即次本非恭敬之實而事雜言龐當不足以息長者之驗
捆屨曷言慢藏之誨而抵隙乘巇乃忽來此无妄之答夫事之齟
齬淟涊原無足掛齒頰間而不憚大書特書者何也或人之問為
峰、青、結、韓、房、許、江、上、
從者言之也為從者言之適足為孟子誌之也

本房加批
深情磊落如聽漁陽鼓四座為之改容

中一百一三名

孟子之

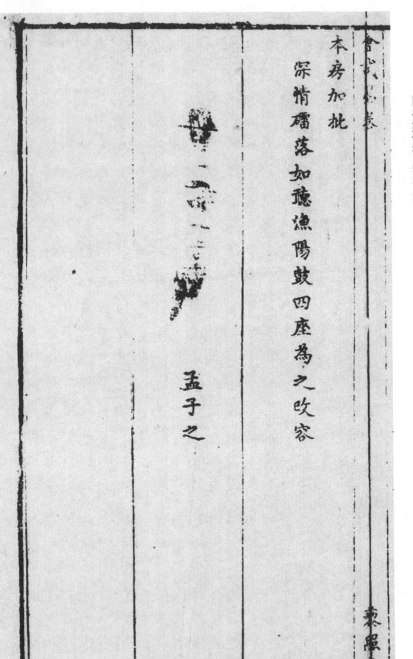

孟子之滕館於上宫有葉屨於牖上
館人求之弗得或問之曰若是乎從者之廋也　李蘊芳

○○○孟子之滕館於上宫有業屨於牖上館人求之弗得或問之曰若是乎從者之廋也

三名　李蘊芳

即館滕之事而從者之見疑足誌矣夫上宫之館方適而廋屨之問忽来此孟子所不意也異乎或人之於從者乎且形迹之介君子所畧而小人之譏彼蓋以其心之所存成其目之所見遂欲以形迹加君子此亦流俗之恒情乎從未聞昧昧然猶所細故以疑高賢者乎孟子嘗之滕矣後車數十從者數百夫亦傳食諸侯之常也其高弟子如公孫萬章之徒類皆誦法先王声施鄰国下至負笈擔囊以從游者大抵皎皎自好有廉讓之風道路之間彬彬

如也夫豈致誚于儒生之多窶矣乎即不免空堂遷不亦且褐衣疏食不厭士不虛主名不屈附有由來矣當日者至滕而館于上宮也待賓客者有人供洒掃者有人休勞勸者有人一時往來酬酢之繁未易更僕數在從者亦皆嚴其業樂其群獲有寧宇而無閒于不虞而滕之人咸以為國有太賢且嘆從之者之衹服左右而循循儒行也足慕也邊問牖上之屨之有無乎哉其有之固館人之業也其求之則館人之職也無有問之者曰四方之賓來甚屨胡為陳于斯以為館人竊其得之固館人之所也其弗得則館人之慮也亦何暇問之曰吾意夫失之之無從也小子識之以為

孟子之滕館於上宮有業屨於牖上
館人求之弗得或問之曰若是乎從者之廋也　李蘊芳

滕人蓋或人何所聞而來何所見而問以弗得為廋而偏之從者哉不義之獲吾嘗不欲有其心豈瑣瑣若業屨乎乃琴瑟書策之旁忽焉而論自牖之迹邪亦言之無文甚無心之誤吾嘗并不顧有其事矧明明在牖上乎乃章甫縫掖之士無端而與詐屨之疑得無耶用相戲耶雖賢否不嫌同號而旅人之待我心未快從者寧不聞之不謂上宮有客方屬權輿而來觀四壹之陳先傳五兩之失或人之視業屨也何其輿齊美惡不嫌同辭而主人引言何知君子館人亦自難從不謂滕國褊小未能遠謀而與屨錯參之葛徒作屨霜之刺或人之視從者不太輕戲迫孟子微詰之而哉人亦自悟也又烏得以人廢言耶

孟子之滕　廋也　　九名　吳雲步

適國而來意外之疑事亦相左久夫孟子之滕意固爲於滕也何失緣而疑從者之廋乎甚矣或之妄也從來誕妄之事聖賢所弗道遭逢之異聖賢所弗辭乃有時事爲不經人非知己而偏以小人之腹度君子之心在言者不自知其妄而儒者以道物躬何能堪此其托足者之不幸耶其相從者之不幸耶昔孟子守先待後四方負笈以從時樂與及門從者往來人國莫道之行則其之滕也誠非無意於滕者聯衆人爲一身即爲衆人之表率正經界以法古示學校以明倫此滕所宜禱祀而求者矣而尋常末技何妨

墨卷　諸四房

視為不論不議之脩學古訓而有獲即以古訓為楷模適館咏於風詩巷過著於易象是滕所為相得益彰者矣而臭味差池幾難許為相應相求之好蓋相傳為館於上宮云夫上宮何地乎覽墟氏之廣封細宗周之舊績適鄒越國應多他鄉寂寂之思秩儁傳騶適增夏屋渠渠之感矧夫區區上宮久不足辱高賢之儁矣仁政未行遠方憂至踵門而告者何為受廛而處者何為捆屨織蓆事襍言龐賢未躬耕崇邪黜正獨善孟子浴德澡身析義利之辨慎取舍之防以一人嚴氣正性為天下先而世不我從諒亦屆拘而無裨於滕耳然則于時處處亦聊與二三從者講道論德則古

稱先優游求田終不欲贅〻久居此乎何意或人忽致辭於孟子而問之曰昔是乎從者之廋也或人之言奚自而起哉夫亦猜業屨於牖上館人求而弗得之故吾於是深爲孟子慨夫吾於是轉爲從者憾矣歷九州以相君隨所值而皆成拂意業屨逞計其有館人逞計其求而覓〻相繩者偏以拂意之詞强聒於耳是何巨屨小屨能斥異李之非轉不能杜或人之訌也見聞卑陋何自而欽其崇儒重道之情聚一堂以講業乃無端致疑於褊心屨之值自微求之念自泯而質〻之未前者难以褊心之刺索解於人是何屨貴踊賤昔能表名卿之譽今無能免不潔之稱也愚賤無知將

墨卷　許申甫

何○自○而○關○其○曲○直○混○淆○之○見○其在孟子○得從者以廣其傳○豈因或人斷其教○將追隨畢世○亦願同此裁成○其在從者○於孟子可堅其信、難於或人釋其疑○雖傳食有年○不免適逢讒自或人聞孟子之言○而援設科以自辨其妄○何相左者○事而相合者言也○

孟子之滕館於上宮有業屨於牖上館人求之弗得或問之曰若是乎從者之廋也

第一名　邵嗣宗

館與失屨偶值焉悔大賢者因以至矣夫上宮之館與館人求屨何與而弗得者正館之時也斯以致從者之廋之問乎昔我孟子遨遊列國縣宮受業者曾不多見曰與二三從者僕僕道塗間斯足歎矣幸而遇好賢之主修適館之文而事會所遭忽來流俗之誚讓豈賢者之過多竊歟何不諒之甚也大抵聖賢之迹往往為世俗之所輕言不欲以謏聞覩不求夫動衆旁觀每屬耳目爲而一時非意相干遂以姍笑逞滑稽之智時遇所乘輙足名小人之

所儆迹非盡屬有心事則會逢其適薄俗因相詬病焉而一時微文托剌遂以僞言瀆長者之前如孟子之滕而館上宮也既郊迎而入境亟為修司里之文方填館之以時庶足慰高賢之懸繼孟子率從者而安處焉殆時聞禮問之慇懃也乎乃適有業屨於牖上館人求之弗得也君方修擁彗之文孰詔拾遺之禁地自有授餐之雅何間不誠之占維孟子與從者若弗聞焉殆亦屬館人之細故已耳嗟乎適逢不偶即一時之不期而會觸目而適成齟齬之形謗讟易興祇一事之相遭而前入耳而莫塞讒慝之口天下小人之侮弄君子大率假嫌疑之迹作附會之談也或人者未知

孟子之滕館於上宮有業屨於牖上
館人求之弗得或問之曰若是乎從者之廋也　邵嗣宗

館人為何人乃向孟子而致辭矣拙宜不畏寇盜而遷集於此遂欲使儒者之東修自愛無端而蒙不潔之名又人亦無所歸咎而或承之蓋竟若謂窮書之旅食於茲相率而占勿逐之象吾思孟子前此在齊館於雪宮共時稷下巧辨之士如淳于髡輩往往誚訕笑冀得抵孟子之隙以為快或人從者之廋之問殆共流歟吾於是竊為從者慨也周規折矩夙昔自負為清流一旦適攖叢之邪方欲藉飾節之追隨作君臣之遇合而忽以無因之廋辭來非分之訕謗此亦從者之所為太息者矣吾於是且為孟子感也由義懷仁生平自期以遠大一旦弛負擔之勞方且幸體貌之優

[illegible][illegible]禮之隆重而忽以小物之慢藏澆高人之芳躅此亦孟子之餘[illegible]自悼者矣竊饞而來之語孟子所為顯以詰之歟乃觀其設科數語則又非不知孟子者也

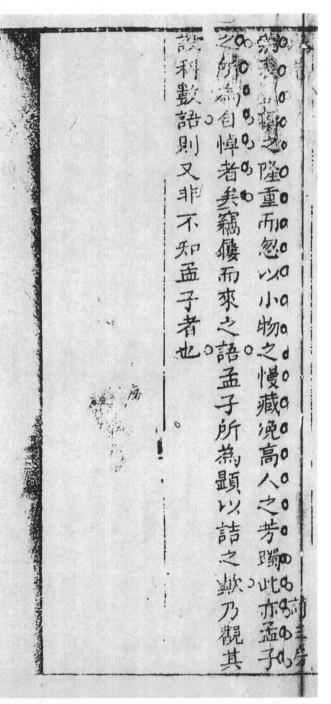

孟子之滕　廋也

十五名　秦大士

記大賢之在滕而有非禮之疑焉、夫滕以上宮館孟子、不可謂非相待之厚也、乃業屨之失而或迷疑於從者、其非礼已甚矣、嘗觀戰世之風而有感也、其君闢門而觀像、其臣適館而授餐、一時彈冠者曰從吾遊者能尊顯之、慕賢者見用於世然也、即戰國時猶有刻迹延見而擁彗先驅者、不聞有刺譏之論焉、乃於孟子之之滕則有異夫、滕爲文昭叔繡之遺封也、孟子抱幼學壯行之志具許北待後之規、從者數百人、騈轎擔簦、往往戾止於齊梁宋魏、聞其行蹤可述而誌也、一旦率其徒而之滕、豈徒假館於此以稍

戀倦遊乎乃相傳滕之君敬禮孟子特館上宮為留賢地誠道途
相過之厳乎然而上宮非有民社之司国事之寄也不過如齊之
雪宮雅之治上等耳意滕君所以騁遊觀娛耳目者在是而以處
我孟子無乃投閒置散之意多而興道致治之意少乎不此之圖
雖日戒館人勤灑掃奉履授杖奉命維謹抑末也說者謂滕君朝
夕得見孟子必相與懽然道故歆有謀焉則就而問之虛懷延訪
抵掌縱談以不負茲良會矣乃所人聞苓之語絕不傳而有貿然
來前喋喋陳詞者則或也曰殆是乎從者之廋也為此言者以時
方有業屨於牖上而館人求之弗得故疑館人之屨館人失之而

求之求之而不得亦諱物々故也甚者也而乃居然以疑枝者是
疑我孟子也嘗因亡有藏也昔堯讓天下於許由許由辭不受逃
而之逆旅其主人疑其屨濟古今事絕相類有如此者獨是上宮
非逆旅比滕館孟子於上宮尤非許由逃而之逆旅比且夫人即
舊疑亦當衡其物尤當視其人屨爾有戒乎以備不時之需而功
敢齊成寢亦失之可惜而得之無用以涉嫌遥何至即屨蹝之决
而細行不矜遂以小人之腹而度君子之心是其為館人與抑非
館人與知其非館人也則屨集於此不省客之遞從何來先不知
孟子烏知枝者耶以此問獻其[illegible]其為妾庸無足深責耳如其為

趣矣

聖人也則實孟知歸當亦觀人於言而未即不知從者與孟子亦慮知滕君而竟以卅胴核其然其無忌憚何以自解耶蓋孟子之來滕者可為也而為一屨乎吾知孟子聞所聞而來者且將見所見而去矣

孟子之滕　廋也　　十八名　孫道周

禮於君者慢於民其事可鄙也夫之滕而館上宮禮也至業屨弗得而謂從者之廋抑何其言之慢乎且士君子懷抱利器不得志於大國而託跡彈丸以圖小試亦不得已之心矣乃適館之風方殷然相待而脩謙之語忽突如其來何上與下之不相蒙若是耶若孟子之滕是已孟子陳仁道義黜霸崇王卻萬鍾而不受歷萬金而不顧視遊談之輩以言不言餂人者猶穿窬也其從者亦守其師說譏讓方一介不與一介不取視當日諸侯取之於民者猶禦焉今也惠然肯來滕之君敬而禮之于我乎夏屋滕之臣稱

而式之例錢以來迎迄今考上官之館何不謂隱焉獨是陳堯陳舜君悅未必民從畫井分疆新國或妨舊俗有振作一世之才而不免於流俗人之口彼然而是也此日之喜豫來臨豈徒作同人之慶而況儒冠儒服者後車數十亟問亟餽者授不一廛以壤地褊小之邦聚此不耕而食之衆胡為乎來哉吾恐其齒師致訟以至來旡妄之災而果也當日有館人失屨求而不得一事思昔大同之世貨惡棄地人不私財故外戶可不閉而何至以錙銖細物甘為拾遺且擴大公之意以自失之人自得之於同室乎何求而何堪以掩匿之私厚誣長者夫何故人竟以從者之廋來問也意

亦從所可蹈而一二細行亦無出入則人棄我取或亦愛惜焉
情而亦必為清流者許且稍清不多觀而人類難齊偶不及檢然
見欲而動倘亦慢藏之誨而正不妨為有道者諭或之言若此何
以為從前地何以為孟子地乎嗟乎世之說人主而出其金玉錦
繡以懷取尺聞當若貢者不知凡幾或人未必不聞而寵之唯茲
入岑出境等乞待餘之徒反加以不白之名世風之不古人心之
不丘亦擬可見矣吾不識滕君聞之其亦有戚然於心否也然而
孟子不許從者亦不怪也但取其設科數語深合有教無類之心
則仰其後說而畧其前言可尔

孟子之滕　全章　　許開基

大賢設教之心，雖疑之者亦能言之也。夫從者既向道而來，豈至竊屨於滕哉，而不保其往，則設教之心固然，不謂或人而能言及此。且聖賢之教人也，但問其既來之後能飭教與否，不問其未來之前有潰行與否也。是故兼收溥採，在聖賢視之，皆無一可疑；而在世俗視之，或不能盡信。要亦聖賢立教之弘，有以開天下之疑端耳。昔孟子劉學鄒魯間，爾時從者不下數百人，大約有所受，無所拒也。一夫人特患自棄於道外耳，既已竭吾誠而來請矣，自古無大賢之門墻而匪人得厠於其中者，又况朝夕奉教於君子，則辭

（精透）（善於持論）（提句老）

受在所必謹也取與在所不苟也一旦從師遠遊雖納屨踵決固

古趣盎然

不問而知為孟夫子弟子也夫復何疑不謂上宮之館而或且疑

從者之竊屨也噫異矣夫使孟子當日立一途以為的天下有聞

又起一波為末二句蓄勢

風而至者輒迎而距之曰爾往昔所為竟何如予不敢妄為受也

卒使有心而來者相與廢然而返或足以杜天下猜疑之口矣而

揆之設科之心不已隘乎夫為道來不為屨來固已可以自信即

來不拒往不追何至遽啟人疑然在孟子聞是言忽不覺其犂然

曲折抒寫妙在不言之表

有當於心也向者謂人則誨幾不知借踰為嫌縱斯人或久溺於

如與夷之相從復哉也

異術而一念思悔未嘗不戾然進之此時不忍恝置之懷殆至不

然自解而或人已不啻代為之白也雖不保其既往猶可嘉其將
妙妙
來彼能至也我亦能受孟子誨教之隱衷盡於此數言矣夫是以
題外傳神　神妙欲到秋毫顛
嘿然不復措一辭爾一即在從者聞是言亦不覺其恍然有會於心
也當年慕義來前幾相忘鼓舞之術又往往見有惑於他岐而一
再求見未嘗不欣然詔之其間不欲過求之念可知而不可言而
或人已不啻代為之告也幸前愆之剪蓋冀後效之可圖不有至
妙妙　曲終人不見
者誰其受者從者來學之初心亦盡於此數言矣夫是以筆之於
江上數峯青
書以垂訓也云爾

於有字句處得其理解於無字句處得其神情悠然妙悟令人

不可思議。李世卿先生

神斤鬼斧。筆出化工。此妙妥在眼前。人苦見不到。說不出耳。周子同

蓬萊織女迴雲車。指點虛無是歸路。伍藤遠

孟子

○○○孟子之滕　廋也　　七名　張垣

宜之滕之館、亦猶館人之館焉、夫業屨弗得、亦云微矣、大畧一異乃微者之屨、我不見信於館人也、則何居、昔孟子歷聘諸侯、師若弟未嘗不依依相從也、而人情之於信、往往不諒、以自必、雖大遊其旅未為三年之淹、而細行不矜、忽來多口之誚、一時形亦若與心若有心、豈謂禮賢下士之邦、而顧得此乎、則有如之滕而館於上宮、一事念自適館之風既邈、而權輿致慨、把雅意於周旋、空勞夢想、茲者賓至如歸、已知有不可褻視者、淹留信宿、何彼他鄉快作合之緣、然自傳食之蹤幾遍、而從車且載、覽列國之山川、每思息觸茲者文貌所稽已知有軛相吐棄者永久縶維奈何局外動議評之餘且夫當日者縈纓勿憚館人之執其勤也求之弗得時事之偶相值也均無足誌而不料居上宮者則孟子之與從者也夫以聖賢之迹往往為庸俗之所軛況孟子者言必仁義動稱之舜文已屢見而習聞方且惜間隙離貌莫助詆訶之具今何幸也一縷纖微寧非被服先王者之遺緘乎從來說隨之輩往往道無實之迹談況弗得者邑人不戒旅人可疑久已彰明而較著方宜幸疵瑕稍露以供菲薄之資懲斯祭也一縷纖細寧非邀遊人囿者之微詈乎蓋天下貪遂其適未嘗近之而若與為迎跡涉一

辭亦紛避之而遂留其隙此亦何足計哉乃或人者昔以屨之姚
以出之曰若是乎從者之廋也則言廋而必先從者其意已可知
歸從者而不及孟子其心更有屬矣於是見滕君之待士者輕而
孟子亦適時者薄也地雖蕞爾而尚賢延止何嘗改容爲前席之
容乃養賢之禮未隆而爰爰長物轉多意外之猜疑事無係於重
輕言已含夫譏刺亦殊聒人聽也一念切大行而誅邪應聘詎以風
塵憚關歷之煩乃好士之勤莫覯而瑣瑣相求轉致無情之揣度
時與地實屬偶經彼與此妄爲推測誠足亂人意也嗟夫業屨弗
得館人亦豈一喙而旁觀竊議諷弓及門或人有言從者亦何加

損而大賢心事白於天下則此一朋也寧遷斥其見亦陋而意之

哉

孟子之滕館　非也

山東劉學使歲考　張勿遷
萊州府學一名

孟子之從者多矣仍有所從來者而或人乃以竊屨疑乎宜彼自知其非爾且聖賢不得志于世而天下至以非道之事相疑此何足與之深辨其是非也然而無以詰之天下將謂學士之聚就不以素餐爲愧而泰然傳食于諸侯乃又無以自重其行豈非吾道之慨乎昔孟子之在當時其道既足以大行于天下而又日以其身周旋列國之間是以其從者之蹤繑荷繁而來者實不乏　其之滕也亦其偶耳夫滕雖小國以孟子之賢而能盡行其所學則文武之治不難再見于天下而奈何捆屨

夫賢見疑于時人而旋悟其非焉夫

省考卷選中集　孟子

省考卷選中集　孟子

率其徒數十人欲以亂之哉嗟乎非從孟子之不幸也亦其
從者之不幸也館于上宮也不聞滕君奉束帛以相見而致其資
屣履之來而並遠從者其大夫邑人亦求闚戒館人以授餐而徒
游策洽妙
使與或人爭膝上之屨乎嗚呼彼其時天下之竊者多矣齊楚諸大
周既以上地甲兵竊王室之令而韓魏諸君亦以卿族而竊世傳之
周公孫衍張儀輩又以遊士而竊諸侯之喜怒以動天下孟下上不
得行道于君以正邪慝下徒自逞其辯而與天下爭是非則或人疑
從者以竊屨亦其勢之所必至也而從者其何以自明哉孟子亦以
其來者明之而已然夫孟子之從者臧矣一室紘誦而户外之屨滿

者時適于邦而後卑亦不勝載也況齊薛諸君往往有餽金之誼從者即善豢何至以業屨自污其行即且從者之侍益于匪朝伊夕矣其行于天下亦非一地也豈至于滕而輒有遺行乎使其行而出于禍屐則天下何人不可從遊而必以孟子相依人也孟子亦何人不可與俱而必以此從者為竊也吾知其非也即或人豈能堅是其說哉館人當自悔慢藏之過矣

拔頭起伏都極跌宕低咽之致風格冷峭雅近古人

孟子之滕

雍正癸丑　陳　倓

記大賢之所至，應即其化所及矣。夫滕之國何足論，有孟子在，自應化有所及耳。故於其之滕記之。昔孟子寔產于鄒，夫鄒小國也，自靈秀所鍾，高賢崛起，此誠合境之光矣。乃小國不猶能產高賢也，而亦能致高賢。蓋嘗于其之滕，亦思諸君中微遊僕，非半生造無所就。然前此之成（影往乎虛）陳迹何如爾，為闕[illegible]築[illegible][illegible][illegible]綿之封一彈丸，望古治大勢幾無可溯。然今游（影來不拒）願[illegible]新聲說[illegible][illegible][illegible]征塵越境而稅鴻儔之翩翩，于是為之滕者，思之遊士之廷說侯王，其所抵掌于華（影卜卜合影卜寫實）學術祇欲耶一時之鉅且錦繡耳。若孟子欲王道以遨遊[illegible]

出凝廬風暢之繡爽聊潤明遠之色異學之觀光上國與把湘纖爲常業眷祇矯飾一賞之其從數十乘若孟子抱正學而遊止將轉履驕儀滕之迎遊用追亦爲之光特是孟子嘗之梁矣以滕而較于梁則秦楚從齊之憚難攖三晉強悍之鋒此一之也得毋有降而愈下者乎然贖武而漸其子不若臨喪而痛其親仁暴間顯然分也孰何焉以惠然來者徵堯舜之性善也孟子又嘗之齊矣以滕而擬于齊則截長補短之區莫敵十萬臨淄之户此一之也得毋有急不暇擇者乎然傾資色而窺于齊何如撫劍馬而海于心焉聊問自有問也而何弗以責然臨者明教養之規模也鄭滕

成受學貴介之意氣自參師門之義成無術而在文公深款曲宴堪驚長者之行蹤泄遲來禮賢無心（又影飛字）下珠履之容與懷絳帶之儒當夫之楚共周旋早點向鼎臂而勸篤故其來之滕也滕之人逝而望之曰彼君子兮喋肯遠我群滕召劍（點下從者）鳴琴之子籥龢偏隅及其既之滕也滕之人愛而慕之曰彼有嘉賓視民不恌與作讀書談道之（又通萬滕）餘轉移激俗秦之何有飾上宮而疑竊屨之一小

疎籬月影竟體玲瓏　李廣微

題是全章緣起與下殊無關涉文偏處處用影射之法辭無扼談筆有餘妍故非率爾操觚者所能辨　黃鷟源

近科小題文雅潤集　孟子　孟二十七　陳

前後摛影下文、節節靈通。中幅透發正位、華之警策。極闕冷題。

文却絕不闕今允足開發性靈。

孟子之滕館於上宮有業屨於牖上
館人求之弗得或問之曰若是乎從者之廋也　楊有涵

孟子之滕館於上宮有業屨於牖上館人求之弗得或問之
曰若是乎從者之廋也　四名楊有涵
記大賢館滕之事已不免從者之見疑矣夫業屨之得失於孟子
何與而以是疑從者之廋乎故袛之且賢者之居人國也其君用
之必有一二人焉爲之通殷勤道欵洽若然友之于文公是也及
其厭之也亦必有一二人焉爲之示意青致譏評若戎人之於孟
子是也孟子之滕數子從之非朝夕矣其所爲明此善之說論爲
國之道詳井田學校之制而別君子野人之宜者文公固已然其
說而邪說遂起遂使帝王之治不復可勝道哉館於上宮非孟子

意也區區禮貌遂足為賢者光寵乎一日首適有業屨牖上而館
人求之弗得一事今夫君子得主而行其道明大人之事備三代
之業方將使六國之冠帶交于途而七雄之屨舄羅于戶綫霜之
分子釋其嗟怨而要譏之好人化其稱急殊方異俗之纂治而傾
人者趾相錯而踵相接也彼從者雖不激幸獲從游亦皆奉令登
教于君子矣何有于一屨而廢之道之不行而追隨無色衣裘濕
微致以不入耳之言衆相訾議曾不若授室萬鍾而使國人矜式
者之猶為譽也君子謂文公之志荒其意蓋不在賢也且識何淆
者耶毋亦見從者之空匱而故陋其館耶抑習見大許子之徒皆

孟子之滕館於上宮有業屨於牖上
館人求之弗得或問之曰若是乎從者之廋也　楊有涵

憤懣而安意從者之類是耶意蓋謂[illegible]爾庶不足慮[illegible][illegible][illegible]行
李之往來供其間之區區業屨者之何不以道相取而遂利非其
有也先生久淹于敝邑觚牽觸矣曷屏從者庶無來館人之責以
重敝邑之罪愆、館人業之館人失之館人求之於從者何與於孟
子何與更與哉何與而詆諆之歸咎行於長者之前倨傲之容自
伸其聊瑣之見此必陰窺其主無復尊賢之心故徑行其臆而可
無傷也蓋攻及從者而孟子亦危矣君子重為滕惜而又傷孟子
之艱於遇也

孟子之滕　廋也　　十七名　黃景

之滕者有深心，或人之見淺矣。夫孟子之滕，意固有在也，或人以廋屨疑從者，抑何見之淺乎。且聖賢秉禮自處，入境必問，入門必問，別嫌明微，意甚周也。禮不廢交際，一時與名公卿周旋，猶必審禮意之勤否，以爲辭受。此意寧非從遊者所奉教乎？奈何流俗之耳目，未可深語。至有以瑣事瀆告者，則亦遭遇之足異者已。孟子之在戰國，抱負非常，日與從者遊歷列邦，其所以見重當時者，固不在宮室、車馬、衣服間也。齊之雪宮，鄒之幣交，雖非深知孟子者，亦好士之雅意應爾也。茲之館於上宮也，君子曰：君禮下賢，國無

嘅卷

許伍易

小子滕見之矣且賢若之託諸侯也篩肯懷安敗名以無謂之淹

留作不情之信宿哉鹽課得一利用速鹽旅得二利用止曰之速

也曰館止也夫然盎葬不設楚士遠征四篚不承秦賢興嘆士之

難進易退如此此古之好賢者一再承意惟恐以薄物細故致遠

賢士傌也然執此以律庸流則有未可概論者當日者禮賓有館

司館有人人之微者也館人有業牖上有屨物之微者也弗得而

求求而弗得事之微者也此亦何與從者事而或且振振有詞哉

想從者之于于至滕也先生在前弟子在後久已朝夕與居已夫

果儒冠儒服之不滿人望乎緊顧問者致勞君相矣茲則邊瑣屑

以陳詞夫乃嘆縕衣猶慈固難喻諸閭閻抑欲者之休戚蓋若此

既提其耳亦命于面久已辨難晰疑已夫衆惑除下開之端賦式

微乎緊殊嚴者亦却執彈丸矣茲之蒙不避于嘉賓盡亦恩覿隆

何方姍乃自傷東道一破戕人者問非所問與見甚淺而不追不距

之言實術當于設科之心故之滕一事遂傳不朽云

魁卷　許伍房

第二十二冊　卷六十四

孟子之滕館於上宮有業屨於牖上
館人求之弗得或問之曰若是乎從者之廋也　趙　佑

孟子之滕館於上宮有業屨於牖上館人求之弗得或問之
曰若是乎從者之廋也　　八名　趙　佑

誌軼事於滕館或人之問可畏已夫之滕而館常也業屨之失亦其偶也相值而疑生矣或固淺之乎測從者哉且事有理所必無而情之或有者雖君子不能不聽撰謗於小人夫天下凡然適值之端原不少難以自白之迹乃至其細已甚而亦擬不於倫在庸人淺見其自謂莫解何故者迄今猶莫解何故也如孟子宮之滕矣宋薛周旋而外倜儻此地之睽則行吾素位而琴書游息固自卒其後車數十之常沐於梁闕歷以還聞說彼都之驚則屬在追隨

墨卷　書四

魁卷

而劍珮雍容亦共成乎君子至止之盛第見當日肴膳君儼筵官
而致礼孟子亦適館而依寧其闕儒冠儒服承先生之後而旅進
者則從者也館之人莫不心焉數之乃無何而館人若竊有所求
者且求之弗得者蓋嘗以守館之餘從而業屨尚者猶有於牖上
也此其必有人焉廋之亦奚足深辨顧天下會逢其適在此原何
心他物之去留而於事非盡無因在彼遂猶啟須臾之疑信想夫
地托閑閟匿窨之蹤應絕況高賢蒞此雅詠緇衣則一時之忽不
加蘺者原自屬耦俱無猜之意此一屨也館人可隱恃焉而豈謂
初見之覺謬也人自曳屨之方至我已誅屨之無從固或所旁觀

書四

孟子之滕館於上宮有業屨於牖上
館人求之弗得或問之曰若是乎從者之廋也　趙　佑

而代為嗟訝者矣又想夫門臨車馬雜賓之混難知剝遊士縱機閒二狗盜則一時之相率以偕者詎免乎他族竇窬之嫌此一屨也館人又陰伺焉而豈謂事變之適符也長者之屨正滿於戶外亂人之業睛取諸宮中宜或所推詳而徑相詰責若矣曰若是乎從者之廋也或之問有自來哉論館人有地主之義則旅人且藉免不虞而守者先未能無失抑亦當內咎也乃或偏厚誣其譏於吾徒觴雖非互酬之多竟同一飯之乘從者直為是求情耶而無端之曖昧得無傷於君子之廉況屨上非庋物之區則入者且解不當階而居苟乃納之白牖夫亦自慢藏也乃或轉謬致其譏於

大雅謂事原易於探囊媾更深於納屨從者竟好為是苟賤恥而不肖之稱名直欲信為行人之得曾是孟子而乃有竊屨之從者哉然上宮之館而記或問之言意固在彼不在此

孟子之滕　廋也　五名　鄭天錦

適館而見疑可以觀大賢之遇矣夫之滕而館館而業屨適亡皆事之適然無足誌者獨異乎其疑及從者也孟子之所遇何如哉且聖賢周流列國倘一時諸侯王適館授餐舉國以聽不難使古初之治復見於今雖外戶不閉可也乃遭際難期倘值不相諒之事而猜疑並作致來不入耳之談斯其遇足悲其言亦殊可愕矣則如孟子之滕鼓事可紀焉體國經野之規曩日亦少抒其藴使納約可通吾黨國與有榮施也乃落落行蹤半棲逆旅知久靈擁篝之迎躡蹻擔簦之侶遠方類慕義而從即雖屨無資吾徒固自

有可樂也乃悠悠過容誰爲知心且忽踰覆霜之域維時上宮就
館業餘適亡而見其弗得者輒以從者之廋問也意亦異矣哉夫
有道出關有望氣而迎之者固當年之勝事也賢者去國有維駒
而概之者亦近古之美談也孟子即所如不遇而與及門二三子
上來關適識者見其衣冠言貌不問而知爲鄒嶧弟子焉或人雖
愚宜亦聞之熟矣從者一言何顯創譏然至是吾觀戰國之世貴
介相傾養士叢雜孟嘗結客徒誇狗盜之雄張儀相秦早蒙懷璧
之誚彼其人固所稱賢豪間者也然而不修士行胠篋爲徒成人
始聞其事有感於中竊歎孟子之徒當亦如是是故率爾言之而

禮一房

固知忌諱耶。獨念孟子願學孔子。昔孔氏之門。三千七十。稱極盛焉。其間畏于匡。厄於陳蔡。與諸弟子講論絃歌不衰。當時即不顧。未有不以為聖人賢士。而輒肆其詆訶者。今也倒飛相迎。既不闕禮賢之盛。竊鈎負謗。乃致懷惡客之規。並相去僅百年。而人情頓異哉。此足以見遇之窮。而聖賢之勤。多刺譏為可嘆也。雖然。素餐之誚。及門尚且致疑。已泰之嫌。同堂猶持異議。滕小國也。一旦車數十乘。從者數百人。相隨適館。以其衣冠言貌。事事不同。意道旁觀者。咸竊竊驚疑。或人遂微詞及之也。如譏如諷。而不覺其不恭若獄若嘲。而不知其過當。意其人亦滑稽之流。亟欲要之。或人不

是道也而不追不拒之盛心由是白於天下後世焉不可謂非或之談言微中也

孟子之滕　廋也

壬申會試　劉秉鈞

物有求而弗獲之時或人之疑過矣夫上宮之屨亦甚微矣乃竟疑我從者孟子之所遇為何如哉且學人與其師遨遊列國非徒使當世尊顯之也夫亦謂吾道可行將挽鄭書齊歸之風示義路（其報清越以長）禮門之則師弟子俱與有榮焉不謂所如不合既未能得時則駕且至于動輒見疑如我孟子之滕之甚者今夫滕之與鄒隣邑也（按時勢以立）孟子于滕舊遊也則與從者殷然戾止豈無謂哉功利富強之習（言妙得象外遠致）知難息駕于齊梁其亦見聞之熟矣茲之馬首是瞻諒必有道左郊迎為旅人之即次而豈至我心不快徒向別館以淹留非彊學

校之規久欲希踪于堯舜其亦奠望之深矣即此征塵暫憩諒必有臺官致餽犒從者于下風而豈其主人有言漫作不情之晤對小深味意位置都好傳其時館于上宮吾未知席何襯袵何指琴書剩佩皮置何所朝夕洒灑伺候何人乃不此之記而曰有業屨于牖上其事何雜也曰館人求之弗得其言何鄙也維彼從者其姓名雖未著于當世而千里負笈寔繁有徒諸不知為孟氏弟子而胡或人之嘖有煩妙論言哉吾知之矣大抵高賢之踪跡易起驚疑以孟子遊覽名邦久動時人之慕而初不解皇皇者之伊于胡底也則即時事之相值清參鍊石宛轉成音而姑以一問叩其處原欲探名賢意旨之所屬而豈以一時遺行

誚彼征人盍其意微而其言為甚巧矣況夫歷聘之風儀半由羣
從以孟子轍環天下每為僕御之榮而直不辭彬彬者之遠從何
來也則即偶爾之遺逢而聊以一問窺其意凡以卜從遊指趣之
所歸而事故緣胥士行藏玷茲上客蓋其言婉而其辭則甚鄙矣
嗟乎不逢鄭使偏多遊旅之驚豈擬秦關未識羈人之盜者是乎
從者之廋也於吾于是重為孟子悲也渺爾彈丸偏來諷刺則踈
前定後天獨償以時命之艱尤重為從者既也羣為歷聘重遭詆
訶則衆謗羣疑事已中于忽微也會宜孟子之折之也
俯仰揖讓絶似其鄉歐陽子之文令讀者味之無極　廖古檀

孟子曰仁言　一章

科試建寧府學一等一名朱仕琇

即治之驗于民者而應形之明乎化下者之不可務于末也夫觀于仁道所以入人之淺深而政之不如教已有其制數乎畏愛之心精粗之間而政之不如教又有其效然則治民者可以善政自足以為無出其右哉今天下治術之不明大都由本末莫辨有以自足之心濟也彼其劇畏究圖。若不可及以為一齊六域而無民者皆以為王所謂不足為之事曾未思夫盛王之數理風移物阜（真揭不如者標）一切禁制權範之說皆所不事而我方假此以自足惜乎未有以不如之說告之者也夫大人之懋學業無窮將與一世之

民而浹乎肌膚藏乎骨髓｜有美孟生美老蒞明堂之个來乎此
若秦康小坐論道之筵遵乎此者數言邇是故吾將昌言其說而
世之人幸無迂吾言也夫天下情形不明借類以觀而無一矣
議論有緒談端相引而指愈暢矣彼夫不如之旨豈一端乎即
其及于人者驗之得失相證有瞭然者試思懸覩曰仁言逖聽曰
仁聲均之仁也然而空文市之孰與樹之風聲者之為不戒而孚
也則知古先曰善政數化曰善教均之善也然而積威約之局若
漸以聲教者之能相觀而化也然則治天下者察此與情觀厥后
化豈惟視朔廟受朝懋宜謀哉其亦司徒三物宗伯六樂是識是

[illegible]俱化和俾于鄉于校恩于上雋悦于上輸施刑用衆耻于市撻貨賄不私浩如邱山豈慮民愒之生無虞佩璲之娼以視不奔憚如蒺之衣沃土淫不才之民者其相去何如也一夫畏之與愛財之與心其精粗固自有間矣而要視乎善政善教以為應無他其所感者殊也故辨本末之術乃以抑自足之心人君闇乎此者胡不取仁言神龍回抱其首仁聲所入之淺深倒觀之已

此題人欲勉強打合或以仁言為善政仁聲為善教或又謂善政勝于仁言皆自生葛藤耳文只以上句為下句之倒全神注不如二字摩空震盪探成一片淵灝者氣宕逸者神鏗鏘協

谷時時得見古人情也

渾淪磅礡古文中曾子固時文中歸震川方靈臯

看他排空馭氣之妙全是一片逸致世知震川之醇不知震川

之逸而麗然自大者且謬託矣願懸此種文以掃除偽體　任翼聖

孟子曰　朱

孟子曰古之　二章

有樂道之士而窮達皆得矣夫道莫大於德義豈君好之而士獨不樂之耶是可望古之人而情深也且自天下之群趨於勢也王公大人挾其能窮人能達人之權以奔走天下士而士之惡窮喜達者争歸附焉蓋士風之不古亦已久矣使果如古之時王好善而士樂道

冷然

下節起字一一穿起

跡其平居抱德而處秉義而行窮亦不懟達亦不欣王公不得臣告廬不易見豈肯輕遊說于侯門效縱横捭闔者之所為哉吾乃今而

側古賢士一邊最見手眼

知古賢士之真能樂其道而忘人之勢也吾乃今而知古賢士之在

堅要

能囂囂爲不隕穫於貧賤不充詘於富貴也此與他德義在我而囂

青崖文稿

至足也善裕於己窮則貞之不以不得志而有失也何弗得也囂囂

故士三節打疊得圓淨

於民達則推之不以得志而有離也何弗望也可以獨可以兼無時

而不尊無時而不樂古賢士之囂囂者大都如此遐想其時下有樂

退觀上節

道之士上有忘勢之君致敬以招之盡禮以待之明良遇合相與有

成詩書之澤誕被斯民豈不休哉如其不然修身見世殊足樂也寧

補出在野不遺一筆

稍貶其囂囂之致而戚以老耶一宋句踐而開斯言也亦可以善其

所遊而進於古賢士之林矣

以樂道忘勢為主而以德義納入道內以窮達納入勢內獨善兼

善總包在樂忘內搽得碎打得圓淨雲行空了無痕迹至文也

民事不可　于茅　　腴快集　王煥庚

為國莫先於重農、而民宜不緩於取矣、夫為國之道、民事其首重也、知其不可緩、而民何敢緩於取乎、是可即詩之詠于茅者先引之、且自周官九職先農、說者謂事為國本、未可聽草茅之自為謀也、若乃王勤於上、必不以資為治者稍荒終畝之功、民勤於下、亦不以玩乎時者、先廢治原之務、一時農事興焉、即國事係焉、而民之盡其事者、早無負有為之候矣、君問為國、夫國至重也、承先代之遺、封無忘胙土分茅之日、偕守臣而共理、不之朝脩晝考之勞、此豈無要務存乎、蓋國以民為本、而民依事而立、斷乎不可緩也、草陳矜而民事擾、縱横尚而民事紛、其有係於民者已少不知誅茅力穡之舉在民既旦晝之不遑在君豈崇朝而可廢則因天埀地所宜居分猷效績之先草萊闢而民業荒土地任而民務怠其有妨於事者必多不知衡茅日用之恆在民既相依為性命在君豈可弛其艱思則握要審詳所當有貴粟重農之意臣思我周以稼穡開國於民事特著其詳而知其不可緩者莫如周公以彼輔沖人而為治援茅占矣士可緩取包茅責矣使可緩征而其必為茅襜計者豈獨戒夫無逸已哉迄今讀七月之篇三之日不緩于耜也四之日不緩舉趾也孰非上之心切於日出而作者以致此耶然幽民當日不但不緩其無可緩之事而并不緩其有可緩之事不覩農功既舉而先及晝爾于茅乎茅之為物至細即稍緩取求究於國乎

何病。乃幽民曰。業已得夫室家。曷可漂乎風雨。彼雜於菅華之際者。非此茅也哉。而顧甘無事相安也。則露彼足資。尚韋夕陽之末。下茅之為質至輕。即不緩攜取。亦在國乎何需。乃幽民曰。雖可閑乎門戶。豈得禦夫雪霜。彼寒塞乎山徑之間者。非茲茅也哉。而顧忘有事相及也。則匋之可賦。奚患冬日之難乘。民之不緩於取者如此。而況事之尤重者乎。進觀詩咏索綯。君亦知民事所存。可緩耶。不可緩耶。

珠圓玉潤心手調和

民事不可緩也

觀海集 林贊邦

以民事最滕君、策滕即以策天下也、夫時至戰國、民事壞矣、孟子明其不可緩、非策滕即以策天下、與且有國者以戰守爭存亡、而為政之本圖、遂致勢迫焉、而不能暇及、則甚矣其計之短也、閭閻有必待償之生計、義在合萬衆而遂其天、朝廷有不敢謝之經猷、義在先百為而訂其業、夫田疇荒而蓄積索、下補牢之恨晚者也、而復殫精竭慮、靡然為無足重輕之謀、其何以為國、今夫為國之務非一端、皆當振人主之精神、而舉而措之者也、獨是國所與立則在民、而民之赴功則有事、聖王之創造良多、而敷錫庶民、擘畫特詳於八政、縱或邊境未覘、夫綏靖寇盜、尚待乎芟夷、而治本克端絶不聞置民生飲食之經而獨矜其遠畧知待字有廹焉者也英主之規模甚偹而率作興事眷顧首繫於三農即至小臣登庸阜之書太史進綏豐之頌而皇衷加勵又不聞厭民間疾苦之説而始聽其自為知出治有皇然者也民事不可緩也雖然世之緩者曷故其挾怠荒之見而廢民事以偷安者無論也乃横人以事强為急而歛貨財以修好奚顧重農縱人以合弱為工而簡車乘以從戎豈遑終畝此緩其所不得緩者智計之昏有以囿之也其恣暴虐之情而殘民事以自逞者無論也乃起瘡痍之民以應敵則勞以耕作何如結以挽推按彈丸之地以圖功則勉以蓄儲何如責以閑懇此緩其所不當緩者權術之變有以撓之也而烏乎可哉天地之生成難恃使君心偶形玩忽而飢寒之疊隙已開剝

其忽而置之也。且夫農功之曠廢有自來矣。畛域分而干戈之事起。邊陲急而守戍之事興。反覆遷移。坐令食稅衣租之氓相忘其本業。非緩焉者階之厲乎。知其不可而踴躍以圖。將萬姓之籌謀。皆本於一人之策勵。得失相關之故有明徵也。而敢為旦夕之苟安哉。黎元之凋弊日深。即當境偹極綢繆。而暢遂之情形尚歉。矧其晏然忘之也。且夫邦本之傾頹非一日矣。版圖蹙而事紐於因循。典則湮而事因之更變。日朘月削。徒使救旱偹荒之政。轉視為畏途。非緩焉者職其咎乎。知其不可而經營恐後。將窮簷之細務。必振以黼座之全神。制治從出之原。此其昉也。而忍為須臾之少待哉。無已。請誦豳風之詩。

民事不可　乘屋

採真集　周　杰

民事不敢緩者、乘屋亦必亟焉、夫國計在民、其事豈可緩也、若詩言于茅索綯、所亟又在乘屋耳、且民俗有至急之務、似不宜以不急者奪之、然正惟有至急之務、而不急者亦轉形其急、蓋天下大利在耕桑、經理有規、首重力田之詔、而一歲勤勞在隴畝、收藏既竣、宜為作室之謀、當急者固以急視之、不必急者亦以急圖之、人果敦法古風焉、則上能急其所當急、下更急其所不必急也、公問為國、公將欲乘勢圖功、宵旰特勤、經畫乘時、制治牖戶、早切綢繆、使屋無穢、夫瞻烏野不歌、夫嗷雁而茅廬樂業、安堵無憂乎、無先計及民事也、自甲兵起而田野荒、家室常憂凍餒、誰其念茅簷之

若而亟於籌謀乎夫周禮立王畝之準天官九職農務首詳知數
治有原黃屋時屢乎稼穡而謂民為邦本可不早定深耕易耨之
規自稅斂苛而饑寒切百室難覩豐盈誰其傷索賦之煩而亟恩
補救乎夫月令開王政之經天子三推因功特重知阜財有本部
屋當務乎農桑而謂食為民天可不先裕耕九餘三之利民事不
可緩也尚其亟亟焉乘機以圖哉今夫不緩於難緩之事者黼座
之勞心而不緩於可緩之事者蓬廬之勞力廊廟家謀不徒農事
而易田疇以培其本實握夫宣猷布化之原閭閻重務豈在衡茅
故修牆屋以奠攸居宜際此築圖滌場之暇詩不云乎晝爾于茅
宵爾索綯亟其乘屋其亟也知必有使之不可緩者故如是其亟
耳蓋者牆事悤忙未暇程功於築室有圖謀宜亟者而乘屋在所

當緩耳。今則晝與宵恰逢閒暇也。援愛如連，還發寸陰之惜，結同繩引，無虛冬夜之長，其藉此茅以為完葺計者，蓋念夫事之不止於此，而又不得不先勞於此，故補綴之功，難寬俄頃也，無已太康，職思其居，豈遂能優悠以卒歲哉，前此農功促迫。未遑深計乎徹廬。有經營難緩者。而乘屋自不容亟耳。茲則于與綯適可謀為也。登徧麀場，剛值晨昏之暇豫，墐完牖戶，預防風雨之漂搖，其速於乘而無旦夕怠者，蓋慮夫事之有難兼營，而遂不得不早作專營，故保護之謀，無能姑待也，自朝至昃，不遑暖食，胡為是勤劬於肯構哉，非恐播穀之相迫乎，從可知君有不容緩之事，民有所當亟之事。臣願為君陳無逸之圖。為民播豳風之詠也。

清頴集 賀銓

民事不可緩也詩云

民事有不可緩者可詠詩而得之矣夫使民事而可緩則民亦必自緩矣孟子告文公以不可緩亦曰詩言有可証耳且我周穡事開基誕降嘉種以封殖天下生民之詩所由作也夫謀樂利於閭閻國君宜切勤勞之念而憫艱難於稼穡家相早勤諷誦之詞此以見主治有要圖古人不我欺也為之載咏篇章焉可矣君問為國夫體國不廢經野正德必本厚生嘗讀詩至小雅楚茨以下諸什皆為公卿之力於農事者言也農事即民事也民事即國事也而顧可緩乎哉不必覩勞胼胝如詩之云載芟而載柞也第當法宮高拱而失其兢業之心畢注於千萬户

之身家而頃刻不容釋焉則知朝右之經營無一不關於草野不必躬列疆原如詩之云或耘而或耔也第當黼座端居而竭其精神之用貫徹於億兆人之艱苦而須臾不能忘焉則知君國之壁畫無時不切於編氓民事不可緩如此此豈無所証而云然乎今夫周官一册下關治圖而布於象魏者昭國憲亦凛民極也無逸一書上垂經典而形於誥誡者勖君德更念民依也今君撫有滕國苟能勵精圖治不以民事為可緩將見未雨切綢繆之意鴟鴞之詩可鑒也維春有保介之咨臣工之詩可咏也而且歲時免征役則苕華之歎無歌暮夜罷追呼則鴻雁之哀不作吾意為之民者亦且既備乃事而頌大田報賽田事而歌豐年矣審如是也民氣厚而頌聲作卜正之遺封不可繼

邠疆之盛治哉則試為君誦邠風小民至賤何敢滋譸張誇誕
之風而惟是故業可安合家人婦子而聿相告語則有懷欲白
亦即好樂無荒之深心也是可為身任民事者旁引而証之小
民至愚何知夫揚厲鋪張之道而惟此及時課績雖夙興夜寐
而不憚勤勞則觸景生情無非日昃不遑之素志也能不為躬
任民事者借鏡而明之進述其詞而知民且自亟其事而君之
不可緩益見矣公問為國盍亦於民事加之意乎
珠圓玉潤心手調和

民事不可緩也　有恒心

觀靈集　詹自修

民事不敢少緩民心所以有恒也夫國有民事恒產所存即恒
心所寓也觀幽民之不自緩其事不可見恒心有於恒產民道
率皆然哉且天下有至急之事不得以不急之心置之人生有
固有之心即宜以常有之業保之以至急之心應至急之事而
不急之事亦因至急之心而形其當急矣以常有之業存固有
之心而難有之心亦因常有之業而微其皆有矣急所當急即
有所當有夫而後民事不荒夫而後民心不失太公問為國乎夫
為國以得民為本而得民以得心為先民各有其心民實各有
其事事也者民產所存即民心所藉以不失者也毗陰毗陽民

之為氣也不一而統之以事覺瞻蒲望杏有產業者亦服爾耕則民事即君事也故八政先食貨箕疇必以此立致治之基好風好雨民之為情也各殊而準之以事覺負耒横經有心知者偏為爾德則民事皆國事也故九職首三農周禮必以此裕太平之本不可緩也無他民產所存即民心所藉以不失者也盡觀民之不自緩其事乎七月之詩有云晝爾于茅宵爾索綯亟其乘屋夫乘屋亦何亟之有幽民蓋深有念於其始而為播百穀計爾噫民猶不自緩其事而君之所以為民者愈宜亟矣今夫稼穡之為寶也民命關乎此斯國脈關乎此固根本於苞桑總恃此不遑暇食不遑安寢之心隱與民心相感召農時之不違也遂生在於是斯復性在於是出水火而衽席惟賴有日出

而作日入而息之業顯與王業為始終民之為道也道德齊禮
化理非可或寬而惟大利所歸最為急務故司農曰登大有之
書者司徒即日上和親之頌所謂惟土物愛厥心臧也觀乎恆
心之有而知王政之重農焉訓俗刑方科條豈容稍略而惟田
功之即不可緩圖故君心益凜其艱難者民心即益徵其樂易
所謂菽粟至足無不仁也觀於恆產之有足見既富之方穀焉
恆心之由恆產如此為國者可不念百穀之播而以民事為亟
亟乎

筆鋒鋭利

孟子曰民事不可緩也

館課一名　楊丙鼐

勗滕君以民事不容稍緩也夫民事國之本也其可或緩乎孟子故為文公勗歟且自恤民瘼而來衆元長念民依而耕僕小卯自古帝王圖治來有不汲汲於奠民麗厚民生者也蓋萬邦之耕耘此歟即百年之聚散所由關億兆之豐歉盈虛即一朝之盛衰所由夆從來經天緯地無非由課耕教稼啟其端其農政之大經即王政之急務慎無玩忽以將也滕文公以為國問誠欲得孟子一言而握要以圖者也孟子曰國以民為本民以食為天夫不有所謂民事乎官禮以平邦國而九職首重三農禹貢以奠山川而九州先詳三壤知錫民之極首貴養民之生也所以聖王秉乾他務

未遑制作而宣猷布化先殷勤而重保介之咨皇則稱農錢鎛時閒其后則稱稷樹藝始訂其經知恤民之艱必先籌民之食也所以元臣佐治百為未及經營而立紀陳綱先鄭重而訂力田之興是則民事安可緩哉值強鄰逼處之秋皇皇然為小民課農桑游士必識其拙然與其繕甲兵以圖保聚何如修疆理以乂黎元也阡陌開而地利盡小民久困貧殘至今日而始議修明經理已虞其晚則欲挽數十傳之積敝能勿於巡稼脩稼早定規撫當兩大交爭之會鰓鰓焉為斯民謀樹畜兼士必議其迂然與其輸玉帛以事雄藩何如易田疇以安黎庶也戰爭起而土地荒蕪小民日憂憔悴及今日而始謀匡救策畫已患其遲則欲修五十里之郊原能勿於安吒任咄急圖措置課耕桑於大國則易課耕織於

小國則難。然以積弱而力謀自强。則小國之田功。視大國而倍為迫切也。農功之衰旺。隱關宗社之安危。其可視為末務哉。雖經國體野。原非徒以重農責粟畢厥經猷。而穡事苟昧本圖。即庶事興由遊樂。則民財何以阜。民產何以興。皆當竭元后之智慮精神迫圖焉。而莫能少懈。治稼穡於明備之時。其致捷。治稼穡於末流之日。其力艱。然當新政而思復舊典。則末流之勸劳。較明備而更難苟安也。稼政之廢興。繫邦家之治亂。敢曰以為後圖哉。雖建極綏猷。原非僅以比櫛崇墉。竟其運量。而農事必備本務。斯國事乃可徐施。則民功何以成。民職何以任。皆當殫大君之聰明才力。急求焉。而無敢少康。公亦盡心民事可矣。

科入古田縣學 江漢

一名

○○○附之以韓魏之家

極言所附之貴，若見其足重焉。夫韓魏之家，豈猶夫人之貴哉，致乃附之，君子曰亦祗附之而已，且我生有良貴焉，初不煩損錙（古從下意虛含所入）之何人來之，何即也，乃有非常之秩祿，一旦舉以相附，則爵自公魏恩由私室，雖謂假手於人，無端而至，而吾正樂，即此深處富貴者，而一為懸想之，今天下之言貴者，孰不交口而稱韓魏哉。夫韓魏誠世家也，亦知其所自來否，即遡韓氏之始，武子微賤，而未得有家者也（先點出韓魏是家四字便有意趣），追夫韓厥脩職，歷相晉君，而韓氏之家遂冠乎六卿之上，追魏氏之譜，中葉流離，幾喪厥家者矣，追夫畢萬盈大，伐霍奏

四宜集　五四　下孟

續而魏氏之家獨標於三晉之中然則韓魏之家固亦從附中來（妙筆妙意）

都也茲不必論但彼之氣燄方張固操爵祿予人之柄而世之

宦情日熾睛存此名器假人之思亦如附之以韓魏之家者爵祿

所難恝也無端而取以予人彼固覺印超於紈袴者也夫吾人伏

處草茅目擊乎彼其之赤芾驕言衣冠仳𠢎之蔦蘿侈言姻婭未

嘗不嘆顯榮華膴非可苟然已也而茲忽投之韓魏之家斯誠不

世之遭逢則彈冠有慶昔也泥塗今也軒冕乃見趨蹌蹌而佩蹌

矣榮華非可倖致也無端而舉而加我此亦覺其出於意外者也

夫吾人盱衡世態旨觀乎今秩者羣誇為桓莊之望族初登

什版者共謂為尹始之世家耳苟不藉勢位富厚也不可怨者矣而孫渡界之韓魏之家新誠異數之錫予則釋襁而登晉卿秉寒今稱閥閱行見印纍纍而綬若若矣凡物之出於己者為人屬之（則其妙手對下自說）於人者為人附之之為言明其自外而至也特恩舉則聽王庭之訟怒則謝息佐之門胡今不少以榮辱之緣成傾軋之勢今韓魏之附於我豈一偶然哉則予奪雖係自人而突如其來可今也又竟[illegible]（東之於出入意外）可執几物任取攜者同得能左右之曰以之之為言明其以權予人也第思發難而興起於朝負薪而行吟於野古今恒多以盛衰（後旁觀君心忿）之故形喜慍之情今韓魏於我甘腴豈細故哉則得失雖係於外

而倏爾相遭吞執如又覺其名器雖然膺仕之順尚屬權門之誤
物類秩之至何加吾身之本來知其自視歛然吾安能不穆然於
若人也

梳櫛迴蘊透快絶倫妙在於下意筆筆開動如樓臺一倒影映漱

不定

附之如 [illegible] 江

附之以韓　一節

吳學院科試興化府學一等七名廪　宋廷爵

增于境而不增于心識曠者情自恬也蓋惟吾心自有無可增者而韓魏之家不足附也附之而不見其附士固應有此過人之識乎今將於淵樂邁軸間得奇士謂皎潔之操漫然物表也亦似不誣矣顧出乎利祿外而見淡入乎利祿中而翻見濃者有之情紛于所艷神傾易其所恬是無定力終無定識耳是以相士者不得不易憔悴之境而論豈羈之場而乃以覘士之棲神於淡者洵有以自揭其磊落不群之槩也已何則名山不有朱門之景象則泉石差堪以自娛為其無以相耀也當此而傷心於寂寥則趣之至陋稱自好者不至尔

原評大筆大氣

矣緣幽芳以貞其發一畝環堵幾何不可傲乎駟馬高車而曰匪我思存藜藿久暕膏粱之氣味則變貧亦聊以自慰爲其無以相亂也值此而馳情於華膴則志之至卑苟有心者不其然矣藉寧宇以靜其神泄泄閑閑何難適自若其清風介節而曰求矣弟讓嘻此雖士

原評前路想爲附之二字作勢翻跌獨精

之高而未始非士之幸莫爲附之故耳而設也附之以韓魏之家冠冕黼黻之赫奕能使儒生十倍聲價乎乃驟恭而生側陋之輝局外者驚爲匪常而局中者亦似非故我内鏡不精澹心弗勝其浮情則是冠冕黼黻之有以壓天下士氣也可爲深扼腕矣然莫謂空俗態者竟無其人耳如其尙浮情於澹心一點証焉而胸懷落落絶不解

草莽市井仕宦忽臻卿相而終不以改其雨晦風瀟之故習則豈別有良貴耶胡若是其藐以相遺珠玉錦繡之燦爛能使高士激昂青雲乎乃下起而壯单寒之色旁觀者駭為創獲而當境者亦殊覺適人因物有遷淵衷潛移于豪氣則是珠玉錦繡之足以厭天下士心也可為長太息矣然莫謂塵俗念者竟無其人耳如其融豪氣於淵衷一澄叅焉而襟期洒々絕不解蓬户桑樞爾庭忽来貊特而終不以炫其飯蔬飲水之風趣則豈別有廣居耶胡若是其漠以相嘗經綸懈公輔之器斯膺其任而深自菲薄我而内顧所能不足當韓魏之勢歉而非然也負乘不以自疑無事效尤巢許而寧反為韓魏東

志于虛特以有超乎韓魏之外者韓魏也何能為震撼與聖賢争羨好則庸碌之所欣自澌不關情推此意也無斗筲而鳴琴在户即以此見安貧賤之真修才猷擅不世之負將隆其遇而或自鄙夷我而輙矜所學因以小韓魏之任歟而亦非然也壯行佀堪自許無雅伯仲伊樂而固非與韓魏相角之物要以有懸乎韓魏之上者韓魏也奚黍其毫末以器宇遊道岸則浮囂之所値自漫無經心由此義也可用汲而王明受福亦何必為矯富貴之虛名蓋君人之自視良弗輕而無能減者即無能附斯其所由欿然者也過人遠矣凡士之自命以千古者不嘗加是乎

附之以韓　節　范廷鼐

不以富貴動其心者其人有足称者焉夫韓魏之家未易附也乃附之而自視欿然則其過人不誠遠哉今天下皆知勢分之足貴矣苟驟而加以勢分之隆彼庸庸者遂欣然樂其自得而無由自主若乃明爭在人之可輕者則境有所淡明爭在己之甚重者則量有至宏一深思焉而其識力之獨絕誠非淺嘗者所可幾也何則士君子抱道自尊惟此數品節慎取舍之大防故雖千駟陳其前萬鍾隨其後而渺然不足邀吾儒之一顧者其所挾持有其至耳古君子載德自矣惟此謹出處嚴禮義之寔行故即勳名勤于中爵祿榮于外而淡然不足濟貞介之懷來者其所操存有不苟耳雖然是未可概繩之

試牘文衡五編　下孟　浙江楊宗師歲試鄞縣一名　倉泉亭先

于人也且夫天下之所甚期群情之所屬望而斯世之所震而驚之
振句陡健
者莫有如韓魏之家也哉韓魏之家勢之極至者也分之極隆者也
人之期其有而未必有求其得而亦必得者也則其附之也不甚難
翻駁透暢筆力矯
矣乃一旦忽然以附之以意中之所期而忽為意外之所獲[illegible]至矣
分隆矣大丈夫得志于時者之所為也而謂有視之不樂者誰歟夫
不得韓魏而附之恒有惴然未慊之意既得韓魏而附之自無歉然
鍊詞堅凝具見身分
未足之思乃若人之自視則不然祇覺紛華之外餙不能易彼道德
之心而赤紱之崇高不能勝彼經權之用其自視之歉然也有如此
俱勘進一層說
故人所視者在于韓魏而其所見者則不在于韓魏內養深而韓魏
又何足貴焉是附之而于己無所益不附之而于己亦無所損也故

附之以韓　遠矣　　張然明

為志滿者立之準欲廿共不以常人自待也蓋韓魏之家富貴之極致也惟有大過人者乃不以韓魏視韓魏也其自視亦何重哉且吾言大丈夫之行必驗之於富貴貧賤蓋惟富貴不淫者然後能貧賤不移也不然得時而驁顧盼自豪一失勢即索然矣非已之有異也所以自視者異也故觀人者未驗之於貧賤也當先驗之於富貴且驗之於人人所震驚之富貴嘗試論之道義不分窮達榮名厚寔原屬性分所固有正不必泥金軒冕自溷其衷而不屑之累德業有何今古希賢希聖皆屬吾儒所有事寧僅以有大能

謙遜視為要乎莫尚之品乃今不足以語此矣今之人患不富耳
患不貴耳患富不極富貴不極貴而無以自恣耳其得之則躍躍
以喜不得則戚戚以悲噫若而人也其自視居何等耶今夫君子
之論人也必盈其量以予之而其人之品格乃見而人品之有定
出首句恰是虛設
也亦必厚其力以嘗之而其人之分量畢呈則試作一附之以韓
氣
魏之家觀不必數世積累而舉人世所歆羨者突如其來不必
艱苦之備嘗而舉夙昔所未經者如吾故物此即不至驕淫矜誇
遂召盈滿之患而睹權勢之可憑幸勳名之有倖或亦有快然自
足若乎而如其自視欿然也此其心豈尚有韓魏哉蓋其欿然之

故有二曰器識曰涵養量小只以容物則不患其不可加但患其之
不能受此二三歸反坫所以見識於泰山也而若人異矣不必盛宮
貴之無常始懷此履滿思謙之志而第覺日用之居養以有韓魏
而加豐而身心之缺必不以有韓魏而稍減也其器識之超越
何等哉學不足以鎮遏則不憂其氣之餒但慮其氣之盈此三命
牖墉所以垂諸銘鼎也而若人又異矣不必以富貴非吾願故作
此矯情戾俗之談而第覺未有此韓魏固自適其淡泊之懷既有
此韓魏亦不改其寧靜之度也其涵養之深純何如哉至是而世
無躁躁皆不足以語之即彼矜言建豎著其品亦瞠乎後矣則過

人遠矣所見者大故儻來之物無足攖心所守者堅故外至之榮於吾何有諒為志士當如是矣

通篇不涉韓魏贗語筆頗沉着後二柱意亦當自視欿然正是過人遠處文顧視清高末二比器識涵養能抉出過人遠之所以然蘊山

附之、張

附之以韓魏之家　一章　一名　陸以烜

天下皆富貴中人、則能忘富貴者異矣、夫僅曰附之以家、欿然者猶未足多也、乃其視韓魏何如、謂非有過人之識乎、孟子若曰甚矣人之擾擾於境也、非境之能累人、亦人之自為境累耳、身為境累、將境日見為有餘、人日形為不足、人日形為不足、境又何取乎有餘而無如沉溺其中者之多迷而不悟也、吾嘗揣乎衆人之情（從來句境入筆）欲求一出乎衆人之外者而幾難一覯也、蓋人之自顧其家自私（勢熊然）其家也久矣、今夫論家者至韓魏而已極、而視家者惟韓魏為最（所以倚衆韓魏）崇、是故泛以家言、即有蒙業之安人猶可淡然忘之、若韓魏則剝國以肥家矣不能獨忘其家即不能獨立其人而人秖可附於有（即攀來句）家之列即設以附其家而言苟有倘來之物人猶將遺然驚耳若韓魏更合國以為家矣不能不撫其家而自驚斯不能不隨乎人（之家二字乃得分明）而託處而人僅得儕於韓魏之儕嗟乎人之重於家何關家之大於人何與而逸樂豢養以終身者自視歉滿而溢也況乎無端忽（喜句轉而）至者之附在吾身也哉（十仞）（恰放出）一如其識立於名利之先而物我之權衡差數畢明於方寸則無故而身都富厚在局外方共歎其豐而局中反自憂其嗇嗇不因豐而始見正若因豐而益形我之所存不敵（自視微然尚吹出汁漿）夫物之所積斯物之所積雖韓魏而無非嗇境也世有知嗇而不

知豐者乎吾將拭目而俟之如其識定於寵榮之日而內外之等（如其二字之神）量辨別不惑於當時則從此而身履豪華在旁觀方共忘其歎而（瘦骨稜稜）在已殊未覩其盈盈固固歎而遞增轉慮因盈而漸損內之所少更汩於外之所多斯外之所多雖韓魏而終非盈境也世有不見（此處）盈而常見歉者乎吾更將懸揣而信之易動者情而彼獨鎮之（尚在前貴一轉便不入格矣）以靜靜則能虛胸中別具夫深潛之致且易滿者志而彼獨守之以謙謙則能受一心早遊於廣大之天則其過人不已遠哉而世（反點遠神）之自顧其家自私其家者之意偏若曰附之以韓魏尚欲然而不自足也亦獨何歟

文章肥不如瘦○然又不宜作山澤癯○削去膚庸○別具神采○則瘦中有腴矣○文其近之○原批

韓魏之家四字○刻出崖嶔○欹然緊黏附之○抉剔精神○未句自不消詞○費意格矯然○二山

附之以　陸

附之以韓魏　一節

吳學院科試興化府學一等第六名廩黃　甲（集夫）

有所附而弗自慊識已邁乎遠矣蓋識苟過人豈以韓魏之家為重乎附之而猶歉然斯其志亦自遠乎且人生勢分之隆不與生初為龐偏與生後為緣自非剛力斷其弗以為無可加者幾何哉趨岐者志溺情錮者品卑豈將謂益我本無而罔誇為至足乎抑何其役役而弗能淡也何則人苟不甘與庸衆伍則必不以庸衆所震驚者（氣勢軒舉）擾吾內然之明而當途自赫我志自安君子參觀焉而知其命意之不凡人苟不欲以凡猥終則必不以凡猥所快足者愜吾素歆之念而世宇何奢我心何歉識者懸揣之而知其矢懷之獨超今夫世之

志富貴者莫不侈言夫韓魏之家矣先得者愉快而有餘未來者艷慕焉弗釋一旦苟附之以是豈不志為滿而中為足哉然吾獨歎其（古妙絶倫）識巳鄙然其身無過人之日也天地我為懷曷不曠然而自足無端以得所難得者為可返觀而無慽則外為重者即内為輕適見其迷而罔覺古今皆在抱豈不充然其各得無端以益所未益者為可自顧而靡歉則有所溺者即有所損終見其闇而弗明今且有自視歉然者于此生人之初未有韓魏先有我身彼所稱為莫與京者實不（愈淡愈真局詞擺盡）聞於我身之内增其毫末而何弗從而空之乎夫金玉錦繡畢此生之局者輓近實同是心而彼刂以磊落之胸淡赫奕之場豈曰矯情

而情之曠者自遠也敝廬縱存黼黻之榮爾室自篤性天之契人世點開放
淀神韻欲絕
開之薰心利祿者多矣果孰從而緬懿孤詣我生之後縱無韓魏何
欿吾心彼所稱為難多觀者能不能於吾心之中益所未有而何弗
舉而渾之乎夫高爵厚秩狀一日之色者世途疇無此志而彼則以
卓學之識忘顯榮之見豈曰却物而物之熾者弗攖也閱世不慚鄉
相之隆問心獨志聖賢之表古今來之失身權勢者衆矣將誰得而
較此懷來蓋富貴亦吾願寧必惡此而逃而欿然者自舍也人矜為
願之遂彼視為境之平而吐棄一切寧第與驕人衰已之尊分道而
異趨孫顯赫人所侈疇昔處之各忘而欿然者弗顧也人溺其中而

不出彼趣其外而自如而掃除萬有實堪與無入不得之人合志而同歸以云過人不誠遠乎哉然後知識趣者胸自曠雖以無故之附益而自計曾何所加見大者物自小即此內觀之獨瑩而相期別有甚賢吾願今之志富貴者其勿修言夫韓魏之家乎

局度安閒舉止大方　原評

砌填富貴不涉題之真際終漏從首句力爭上流於本分不差毫末布局蓄勢具按轡徐行之樂又有斬關奪隘之雄　師盧禹萬

附之　黃

附之以韓 一節 大題 黃道周

人品之分則于其自視者矣夫自不有韓魏而附之韓魏有識者[illegible]
（語高○又○今文○元○又○然○神）
此故自視而無韓魏也且人而卿然自視則萬物之情皆已矣何[illegible]
（可○生○朗○悟）
人獨有自而萬物皆附之也附之而不可去者大則人倫次則日用
之故耳孰有附人以韓魏之家者又孰有附以韓魏之家而遂視為
（淺○深○兩○層○翻○擊○醒○出○附○字）
自為吾觀夫古之自為聖自為賢無待而興者之不必韓魏也以觀
夫古之素為臣素為帝無藉而起者之亦不必韓魏也乃一附以韓
魏而遂後然乎清明之候試一思之此耳目自也此心思自也此[illegible]
（自視○二○字○分○開○從○無○此○然○餘）
神官竅自也反覆視之絶無所置韓魏者則安在而不歉然乎

初學文得 下孟

○義○禮○　○頻呼○自字對照韓○魏○視○字雙夾結寫
之際又一思之此直而生者自也此完而歸者自也此朽而腐不
○出　○昇○聖○人　○是○學○人
者自也低細視之又絕無所置韓魏者亦安在而不欿然乎其不待
思所欿然者不慮之明也自之所以見天也其待思而欿然者能慮
是○前○人
之願也自之所以成人也其欿然而不置韓魏者其視韓魏小也韓
是○大○人
魏有我而我無韓魏也其欿然而不必去韓魏者其視韓魏蓋小也
韓魏附我非我附韓魏也世之無若人也審矣如其有之則豈猶今
之人哉故曰其過人也遠矣

會做文字者不必做全題只將題中要緊字面提出頻呼疊喚跳
剔到二十分則全題精神自然天然靈警如此須皆於自字是也

[孟子曰]附之以韓 一節（下孟） 黃道周

通身舒作意態矣獨點挑剔處以數道公爭之所未所尚猶賢一等

先正者耶

○○○附之以韓 節

蔣邦彥

有所附而不動焉，其人洵過人矣。夫韓魏大家也，乃有附之而不為所動者，其過人不誠遠乎？今以人世可欣可羨之端，苟一旦而獲焉，即終身而據為己足，此固恒情之所必然也。若乃極勢分之崇隆，始未嘗有一冀倖之想，即忽焉臨之，究無加乎性分之素，斯其扶持者甚大，而志量為甚遠。何則？從來人世之富貴福澤，原挾其厚力以奔斯人之情性，而其所樂等者，尤在乎昔艱難之處；當代之勢位功名，每極其崇高以衒此中之適彼，而其所震驚者，恒在生平遇合之嘗。試即以韓魏之家論：夫家而至於韓魏，可謂榮矣；有家而得如韓魏，亦云盛矣。則韓魏之家，誠寵榮之已甚，而遭逢之極盛者哉！吾竊

片語道破世情

反襯出[illegible]取勢[illegible]前

重提體勢有法

附五編 下孟 浙江楊宗師歲試奉化一名 滄浪亭選

武□附五編　下孟　浙江楊宗師歲試奉化一名　滄浪亭選

見世也蕭走韓魏之家皆矣迎意旨承色笑雖卑躬屈節而不辭其意以為吾依婿權豪之側苟獲禮于韓魏庶足慰吾生平而全欲身為韓魏之一家則固非所望也何也是為有天焉雖望之而不可得也難知事有無固而致倖然而援設也附之以韓魏之家乎嗟乎盛遇來可偉遇顯榮必非易致以不恒有之境而加之于忽相值之遭此無論卑寒者願之而色喜即屢膺顯秩素席豐盈者當此鮮不欣為自動也雖然亦願其人自視何如耳凡人自視者重則其視韓魏必輕為無韓魏不過使我貧自有可貧不可賤者特立于身世之然而韓魏之得與不得初非所計也抑人自視者大則其視韓魏必小為有韓魏不過使我榮我自有可榮不可辱者自持乎夙夜之間

而韓魏之重與不至同非所論也歟然如是執乎人之賢不肖何如
立吾于是而知其人為之及矣有高乎天下之識則外至之遇
自求得而修之古之人偷而得之趣利有所不屑者其識曠然
抑乎是而知其人之志為莫尚矣有超乎天下之志則非分之榮自
不得而動之古之人肅歌一室而欣羨有所不形者其志卓然也以
為過人非僅過人也為遠也亦誠然哉彼世之後〻于富貴者不
爾夫內外輕重之數而甘自處于庸流亦知自視為歉然者問不存
韓魏之見而有自得其得者在乎
以題附字正與自得自字相照韓魏從外附入于我何加
然亦是真能見得自己本來無物故附之者總無所增于

第二十二册　卷六十四

孟子曰附之　遠矣　一名　蔣洽秀

心不以境而自足有過人之識者々夫韓魏之家固人所用以自足者也附之而自視欿然直猶夫人也哉孟子曰天下至無窮者境也至難足者心也心難足而境乘之以至足則難足者亦因以足此其常也（反跌然後見意）乃若以不足之心處至足之境自非卓識超出乎人之表者莫與幾此矣夫所謂至足之境者韓魏之家非乎今之人與人之相去不甚遠也其心志多戚而難明其知識至竊而易蔽（照註穷識字）不必其難得之物也而無不易動之心也而矧其韓魏之家哉吾竊見夫營營者之衆也惡想夫韓魏之家而欣然轉計夫韓魏

而寂然彼其意中若有所損焉以待夫韓魏之家之益也（刺劃附字）

其附之而損者益矣夫至據韓魏之家以為益而損者多矣

疑夫役役者之多也旁觀夫韓魏之家而羨心生躬際夫韓魏之

家心生彼其意中若有所歉焉而特假韓魏之家以飾之也

衆其附之而歉者盈矣至恃韓魏之家以為盈而歉者亦多矣（二比反得透徹）

若而人者之見其圖于人之中而蔑以相過甚且流為不及人而

不自知也其亦有附之以韓魏之家而自視欿然者乎夫韓魏之

然自人視之固所謂難得之遇也而若人視之直無異焉蓋性分（只得○真○為○不○足）

之內本無不足故不必有意以貴而亦何容心于重富貴則

附焉而于我無加也加以吾身外之數輒自滿志吾何敢也夫
以舉世之營營也稍自矜持者已足度越于恒流而況其潔自抑
畏也以視夫矜持者何如而營營者又無論已一抑附之以韓魏之
家自人視之又所謂無不易動之心也而若人視之獨甚恬焉蓋
隱微之中有所抱愧故富貴之來無所加即富貴不至無所歉則
此于吾身豈異人任也而如以外至之遇修焉自多吾甚不解也
夫以舉世之役役也有稍克驕盈者已足什伯于庸衆而況其退
然不足也以視夫弗驕盈者何如而役役者又何足道哉一有斷
人善將自[illegible]之已

附之以韓　一節

吳學院科試興化府
學一等第八名　鄭帝眷

心不縈於富貴者識量已遠超乎人矣夫人之不能過人者驟得富貴而自局也乃有不局於富貴者斯不亦卓然人羣哉且人必有超世之識量而後舉斯世之富厚功名俱不足以縈其心夫物足以縈心必已心先歆于物故物外至而內心已自盈也士君子落落胸懷惟與聖賢爭千秋之人心不與庸流爭一時之人列則內重而外自輕已大而物皆小其視縈心于富厚功名者不益彰其卓犖不羣之概也哉吾嘗橫覽當世見人之不能過人者大抵一得卿相之尊而遂暢然以自足也華膴亦偶得之而身可榮氣

不可矜而矜之者何多也僑俗乏識俗之識身未榮而氣稍餒身一榮而氣已矜貧賤謟吾先乎何處以富貴張其驕已誇人之態利祿亦倘來之物名可彰志不可滿而滿之者何心也入聲少出歷之量名未彰而志少抑名一彰而志已滿詩書陶吾素乎亦多以圭組阻其軼賢追聖之功如是而欲過人難矣今有附之以韓魏之家而歉然不自足其視勢位為何如而其人豈易量哉一祖禍易而文繡也最易艷半生之寒淡而意以自得觀獨于衆人得意之換而若視為無意之遺斯豈僅爵祿中人哉學士情淡利勢初不以金玉錦繡為足償其艱苦而又非敝車羸馬卻彩以自表其

朴素之風者想其識見卓越人情深有會于良史所以自貴者別有以犀其精神則雖勳勒鼎鐘名垂史策猶弗敢侈然自豪更何沾沾于韓魏之家也植品自諶千古矣夫豈獨使焚象齒覆雉膏者增其形穢瀾槃趄而廊廟也偏足遂一時之虛願而心以自傾顧獨于世人傾心之事而弗視為快心之舉漸豈徒為仕宦中人哉儒生心謝顯榮並不謂酒醴笙簧幸得酬其懸望而又非卷帶投簪矯情以自標其孤高之素者想其氣量包含世宇默已窺真雖于大造之所以造我者別有以拓其胸次則雖祿受萬鍾馬繫千駟益見其沖然自下更何戀了于韓魏之家也置身已在千仞矣

夫豈獨使解蘭珮裂荷裳者覺其心慚其為遇人也不誠遠乎一不

峭拔

猝膺非常之遇合不足以貞其氣骨而使之堅夫敝廬風雨名鄉不過而問者幾何年一旦忽以窶窮而躋名鄉之貴其遇合詎殊於尋常乎惟有真氣骨故朱紱方來依然故我夫固知人爵不宜以自足者況推其不自足於人爵必求足於天爵則識真守確而標自特峙于兩間而不愧不親閱意外之遭逢不足以覷其情性而諳於微夫朱門簪笏世卿而襲光寵者何足駭無端笑以單寒而倖世卿之榮其遭逢非出於意外乎惟有真情性故擘畢嚴鍔恬澹自若夫固知勢分不可以自薾者況本其不以薾然勢分者

輒求滿於性分則量宏神定峻望即獨立于人寰而[illegible]豈必然
是而後能過人不知彼役志于韓魏之家者其自視固何如哉

卓立不羣　原評

第二十二冊　卷六十四

附之以韓 一節

江南張學院科試 顧瀛
考泰州学一名

大賢嘉寵至而不驚者有慨于戰國之士也夫游說之士朝得志而暮改趨者多矣附之家而猶歉然不已難乎豈于所以異也曰吾觀今之驟顯榮者抑何其態之多也夫古之人或陶漁而帝或貧賤而師降及近世極其所得不過有家而止所得愈少所就愈卑況小人為愧而反有得色者何也則內才少也一定故踐大位而若固有吾[illegible]以望之今人即儼高位而論設施吾亦不敢求之世俗謂此必有大過人之才大過人之德而非僅度越庸流者也若夫僅上韓魏之家僅上附之韓魏之家而自視欿然如此人者不應為世所無然如此

人者亦已為世所少矣嗟乎可欲之故交于外而疑然如不可干無意之美迫于前而退然如欲就斯人也世孰有過之者乎蓋人呼諸

便針对欲然

意想所不及則喜取諸意所不料則喜々與驚皆緣驟入而生則夫附以韓魏者正驟入之勢也觀人者必于所忽求之安排不及之地而猶然守我而不失其常此必有常然而不亂者之說入無蔽得愜意之事則驕無勞而得非望之福則懼驕與懼皆因偶倚而然則夫附以韓魏者正偶值之際也觀人者必于其猝求之耳目一新之下而猶然內斂而不踰其分此必有終而不踰者矣其先必積

能歛然之於便見過人

素情守禮功之其後乃有坐鎮從容之雅內必有厭薄紛華之遺

其外乃有謙退不盈之風有此意而金玉錦繡之表尚有脩然高視之人于以激厲末俗不亦可以風乎其次而能佐其安遇之心圖勝鼎鉉而無負乘之羞其才而或不逮非常之任亦不致請素餐而負荷干之愧有此人而量情揣分之中尚有不欺影獨之義其于摩厲汙下不尚有望乎則其過人也不亦遠乎嗟乎此亦近世之論也許

原評標懷超異寄慨良深

雲堯舜之人不可得而并此歎然者亦如空谷之音遺艰援鉅之人不可得而并此歎然者亦作先覩之快君子觀此世亦烏能無嘆也

歷歷落落自得胸臆如飛仙之俯視塵世　原評

前後命意高人百倍中間將題之反面正面皆極言其所以然筆力欲透紙背也

第二十二冊 卷六十五

孟子曰禹　善言

以好惡論夏王而可得其存心之大端矣夫旨酒人所不能惡也善言人所不能好也而禹能惡且好之此禹之所以存心者也且吾尚論古之聖人其功業不可勝紀也觀於其所好所惡之間而已約略可觀矣夫易以溺情者而不至於溺其情易以拂意者而不至於拂其意則禹之繼二帝之後而開三代之先者夫豈偶而（自然）已識（合相）平天成地終古驚以為神奇而不知其所為小心大度者固已微之一二事之間無急無荒臣工猶用為警戒而不知其所為人心與道心者已自能辨之於一舉念之頃令夫物非我有者

妙○有○則○畫○

輙○易○以○惑○人○至○于○物○之○惡○者○常○予○人○以○甘〻○固○人○之○所○嗜○也○是○故○

溺○其○中○而○不○能○出○者○旨○酒○為○甚○悅○我○口○而不知其累我躬也○而人

情○之○所○為○繫○戀○而○不○之○舍○者○在○于○此○矣○物○本○為○我○益○者○輙○易○以○怠○

情○至○于○物○之○美○者○常○示○人○以○嚴〻○固○人○之○所○畏○也○是○故○入○于○懷○而○

不○能○受○者○善○言○為○甚○逆○吾○耳○而○不○知○其○益○吾○德○也○而○人○情○之○所○為○

棄○置○而○不○之○顧○者○在○于○此○矣○禹○則○超○然○遠○覽○預○知○夫○千○古○之○患○在○

于○酒○而○疎○而○絕○之○則○凡○所○為○縱○欲○而○敗○度○者○自○禹○視○之○皆○旨○酒○類○

推○開○二○步○為○意○乃○為○圓○足○

也○而○其○所○好○別○有○在○矣○一○飭○之○以○善○而○歡○然○其○廉○已○盖○其○胸○中○止○

有善故善易入不必在神明之佐也即庸愚之衆亦當有獻于聖

人之前而無不虛懷以拜之者乎且禹謹小慎微豈必遂同夫常人之亂在于酒然必謹而去之則凡所為節性而防淫者自禹出之皆惡旨酒類也而其所好遂以專矣一聆夫善言而殷然惟恐其盡則其耳中常有善而善無窮不獨在師濟之臣也即微賤之倫亦當有陳于天子之廷而無不中心以藏之者乎蓋嘗即其事而想其心覺大禹之憂勤惟此二者之更為擅美而不得疑其聖域之未優抑嘗讀其書而論其世覺有夏之政治實此二者之為原本而益令考古者之無間然繼而擬者又在商周間也

六股文字次第相生血脉自貫有一篇如一股之妙

原評

禹惡旨酒而好善言　　于　仔

夏有君子而心以惡好存矣、夫旨酒善言、其足爲君子損益者幾何、然禹之惡之好之何心耶、而有非存耶、孟子意謂存心如舜尚矣哉、顧一時之君子何多也、在庭諸臣莫不奉舜爲師殫一已之存、以維庶民之去而得其傳者尤惟禹、禹之得傳奈何、舜性之也、自然而存、禹不敢自謂性之也、勉然而亦存、所好所惡其明徵也、禹曷惡耶、人心既惟危矣、當攻取之來而有引吾惟危之心者、禹用凜凜之惡也、而旨酒其一也、禹曷好耶、道心既惟微矣、即耳目所及而有牖吾惟微之心者禹遂豐豐之好也、而善言其尤也、酒之始作也、尚茨蘂木而趨于旨則淡者已甘禹懼夫可甘者在物而甘之者即在人也斯惡之矣夫物以見悅于人為樂耳惡則其所苦也拒之以物情之所苦而天下之物類事以其甘者而嘗之酒之為性也恒烈匿質而托于旨（名○雋○）則烈者斯柔禹懼夫人之遇柔而誤嘗物之誤人以柔也斯益惡之矣夫物以見狎于人而肆耳惡則其所畏也絕之以物情之所畏而天下之物孰敢以其柔者而卜之若夫野有臚言史紀其求矣所慮昔虞夏之言尚留簡直之風落落者殊難為嗜耳然禹之所知者善（湯○云○語○意○似○乎○淡○味○上○截○淡○不○費○其○淡○深○）也知之至故言雖淡洵雅見為至味之所寓而其好自深且夫朝有昌言書傳其拜矣所慮漸擯漸之言究切天人之蘊悠乎者或疑為

迂耳然禹之所行者善也行之至故言性精微要視爲日用之必[illegible]而其好爾丞以惡若彼以好若此禹之存之不與舜同歸哉舜惟性之故所思何慮而無取乎勞禹惟不敢自謂性之故念茲在茲而無斁乎遑然得其傳者莫禹若也後有君子繼禹而存其憂勤又曷可勝道哉

最賞其旨酒二股有雅人深致善言二股初學集以爲詞致微映

上截更覺融洽甚善至謂旨酒旨言屬對不倫故用截搭則非也

截發自是走易路試看臨川先生作屬對何等精工作文既須因

難見功耳且孟子業以好惡對舉乃病其不倫耶

○○○禹惡旨酒　一節　　王寰

稽夏王之軼事、得好惡之正者也、夫未有好惡不正而能傳道統者也、旨酒善言、此足以觀夏王矣、且天下之功不足以當斯道之傳也。傳道以心、而每見之於性情之間、或有所逆焉而觸之為惡也、或有所順焉而溺之為好也、於此之不謹、而有以窺中之淺深矣、我觀夫禹、則有不惟其功而惟其心者焉、一則著於史曰、儀狄作酒、禹飲而甘之、曰後世必有以酒亡其國者、一則著於經曰、禹拜昌言、夫禹之足以係道統者大矣、其業在天地、其澤在生民、千古無有駕而上之者、而不知此庸人之所甚驚而聖人之所甚易也、旨酒善言兩事此

奇文破題○胆

庸人之所甚忽而聖人之所甚難已吾得取而論之人之所最難制
者一往之情彼所謂旨酒者未陳於吾前豈不知為伐性之斧及一
旦而有酒如澠取其適口而已好之不遑又焉用惡人之所最易忽
者他人之美彼所謂善言者未至於吾前豈不知為藥石之攻及一
旦而嘉謨入告見其逆耳而已惡之不暇又焉用好夫大聖人之所
超然哇徑之外
不可及者豈必與人人爭勝哉能於人人所炫奪之中而嗜欲之恒
不可一日得而恐者而大聖人獨淡然處之無一毫之或好也能于
人人所倦聽之中而困苦之事不可一日得而安者而大聖人獨寬
如圖
然受之無一毫之或惡也而禹之於旨酒不惟不好之亦且惡之焉

獨非人情哉其心之剖斷何如也而禹之於善言不惟不惡之亦且好之禹獨非人情哉其心之真誠何如也此聖人之所甚難者也舍此則皆易矣故其功蓋天下止為大聖之作用粤稽古帝所稱欽明文思者無一功之可見而視禹非有損焉此心同也功高奕世止為大聖人之神奇粤稽古帝所稱温恭允塞者無一功之可名而視禹非有殊焉此心同也如以功而已矣功豈足以當斯道之傳哉

重提好惡立局能探領珠無取腹羽獨往獨来之槩尤可稱氣宇如王不背所向句下者也

第二十二册　卷六十五

孟子曰禹　一節　三十七名　王漪

精存心于憂王有嚴以精者也蓋旨酒是惡存之心者嚴矣而善言是好抑又精也憂德其至矣哉且吾論存心而及于憂其尤有所難乎何也帝世之物穆漸遠則天下每挾夫可惡可好者以嘗王心天（諸能壯瀾心若毫絲）地之運數方開則一心之所以惡之好之者即微王治然則就憂論憂惡與好之間固亦存心之大端乎嘗綜禹之時而論之其可惡者蓋亦有矣如旨酒者不其類欤其可好者抑又多矣而善言者又其（独見刻劍）尤也雖然自吾思之惟酒之旨者為可惡味愈甘者害愈甚也惟酒之旨者為難惡口弥悦者心弥愛也設人心稍肆而不克自持其始

忽焉為不及惡而其后必溺焉而不能惡惟言之善者為可好入于理者味彌永也惟言之善者為難好苦于口者受彌難也設道心稍馳而莫能自抑其始必漠焉而不知好而其后必將忌焉而不樂好大哉禹乎其于旨酒也何竟絕之使去乎觀其一甘之后且並其人而疏之則當日斥絕之心吾不可得而測矣夫以禹之至聖其非僅以清心寡慾博淡薄之名也可知乃在酒固已挾易溺之勢而在禹尤毫無係吝之私然則苟有可惡聖人固無有不惡哉大哉禹乎其于善言也其竟招之使來乎視夫一聞之餘即奉其言而拜之則當日茹納之懷吾不可得而擬矣夫以禹之至聖其非僅以其懸鞀設鐸

推敲細甚

更確

司末駁

即推襲法六十分雅

隆納言之譽也可知乃在言偏挾以難入之机而在禹顧尤有採擇無遺之度然則苟有可好聖人固無有不好哉所以當日者太羹雖易而渾沌之氣自存以此惡有以維之也禹貢雖陳而嗜慾之流不過以此惡有以遏之也所惡者酒而所以惡之者皆憂勤惕厲之情文命已敷而君臣之儆自深以此好有以爭之也明德已遠而益稷有昌言之贊以此好有以淡之也所好者言而所以好之者乃剴健精純之用此其所以異庶民而為存之之君子歟

推勘精到

明原一

推勘入微參透人情却只寫得聖人本分事得此文方不負此題

連篇累牘理欲天人白日間之昏昏欲睡不謂荊榛楚莽中忽現出五色靈芝桃源境猶在人間耶

孟子曰　王濟

禹惡旨酒　三節

江蘇鄧宗師月課　崑山縣學一名　王之醇

繼虞帝而論存心，三聖相承而守一道也。夫禹湯文皆繼舜而存發布者也，約舉其事以想其心，不有異世而同揆者乎？且自虞廷開傳心之典，而其特見而知之者有禹，由禹至于湯則聞而知之，由湯至于文王亦聞而知之。是以道法無窮，而三代無二道；心源若接，而三聖雖一心。此其憂勤惕厲之神，有可得而述者。今夫得統虞廷者惟禹，禹之所受者中也。然人道辨危微，而道欲未盡，則危者益危；存理不切，則微者終微。禹則于旨酒而惡之，疏其人而勿近，卻其物而勿陳，察欲唯精，而非我之貢遂命欽命以名

（確是此三節捻法）

（直起。各最領句清要）

（原評：從禹第雅出精義，合體真見。月註）

[illegible]克儉而顧天之奔者已至于畏言而好之虛其心、大學展其常
以相承主帝惟一而秉執之良無間斯去矜伐以昭克勤而同人
之善者已宏盍至旨酒有訓而人心之妄無不消昌言是師而道
心之真無不復則禹之所存何其密也（原評顧以坤歎治）閱五百餘歲而湯與湯之
所綏者猷也然維皇有降衷而楷之不正即違其有恆之性與之
不公亦彿其簡在之心湯之所執者惟中而以禮制心所以立其
中之體以義制事所以達其中之用則探之審者執之精而表正
萬邦之極以建所立者無方而不遺聲色所以專好賢之心不殖
貨利所以清用賢之路則選之公者立之廣而用人唯己之量以

海盖至舜中有誥而懋昭大德亦復其初旁求是勤而咸有一德
茅言典確
者交其泰則湯之所存何其篤也又五百餘歲文王作文之緝熙
者敬也然帝則民識知而一物未遂即無以享天心一行未備即
原評精切
無以薦天哉文則以如傷者視民而不敢侮鰥寡不敢盤遊田故
父母孔邇而視衽席不啻塗炭則適求愈切而豈敢謂怙冒之已
周以未見爲望道而不顯亦臨無斁亦保敬小心昭事而臨之在
前忽焉在後則克明愈亟而敢謂道岸之已登盖至其命維新而
尚懷不遑暇食之憂性與天合而猶深亹亹不已之意則文之所
存何其純也若是者文聞之于湯湯聞之于禹三

[illegible]承而守一

道比總舜而有作者也而武周之事又可承三聖……叙之矣
撫引尚書精完確當羽翼經傳之文　三比直起直收老氣無
敵他作多從提文王雖屬巧思終傷大雅畢竟顛朴不破方是
有本領文字　原評
絕去支蔓獨存老幹治經之家肩隨賈鄭文律之嚴直逼歸胡
鴻分藏

禹思旨　王

禹惡旨酒　　毛一鳴

夏王心存于所惡，防其漸也。夫旨酒寧足爲禹累，而禹以爲心之不存，其漸未必不由乎此也，可勿惡哉。今夫倫物者，生人之大紀也；仁義者，生人之大道也；而飲食者，生人之大欲也。欲未去則心不存焉，故聖人胥絶之。一大舜而後繼存之之統者，其惟禹乎。禹以前運會尚仍皇古之陋，經制未起，物用亦未興，故坏飲汙尊不預懸夫甘旨之戒。然禹以後風氣漸開，後世之靡文明乃盛，嗜慾亦日紛，故奇技淫巧且見端于酒醴之間。夷考旨酒之作，然自禹時始，而禹則慮之深矣。上念天命之式臨，非可以荒湛逆樂者以終

不有做小而事

聖人見微知著

會時勢立言

今文定式

也當吾世而有儀狄獨提私心之智而以尤物移人溺其中者驕

驕乎將有亡國之憂焉而心之存焉者幾何惟以承加疏遠者鮮

絕○大○見○識○論○

履霜之漸而垂戒有國用爲憲于百王下思人極之肇建非可以

沉湎崇飲者作法于淫也及吾身而爲旨酒嗜色荒禽荒之莫禁

勢○斷○必○至○推○論○發○明○作○古○也○確

而雕牆峻宇之日增有其一者凜凜乎難保不亡之幸焉而心之

存焉者又幾何惟以自甘菲惡者示儉德之型而詒訓厥家尚作

歌于五子惡之哉旨酒之溺甚于洪水沉濫于四海者禹早已然

奇○論○闢○天○

其形沉濫于一心者邪正且易其性故必深絕乎無形之機決而

遏其流毒之哉旨酒之害烈于凶人其柔靡而易入者似巧令之

悅人情其包藏而難測者似孔壬之中人慝故嘗早杜夫在內之淫酗而除其孽深憂患于日用之地每食不忘而又心之危者自絕正性情于口腹之內細行必矜而道心之微者益堅更觀所好而存之ゝ統洵在禹矣

人多填入詩禮中燕飲話頭與題義相隔萬重矣知此字ゝ斷禹身上援証字ゝ從存心上探源乃無一泛筆也其不知者或以為驚奇炫采其知者正以為密理細心陳師路

人將旨酒肴小做用推廣說此于防微杜漸寔發出至理名言後以洪水僉壬比勘精切直可作屏扆箴銘

今文定式

禹惡旨酒　善言　仇兆鰲

大繼虞而爲君子者、惡與好皆其心也。盖禹固繼舜而存心者也。旨酒之惡、善言之好、其心良深遠矣。故迄今誦有夏之君子、不置云耳。

（醒○快○字○揮○金○題）

人心道心之辨、千古精一之傳所自肇也、則繼虞而興起者危微之外、豈別有心學哉。

（出筆軒爽、一洗傳腔陋習）

有足以清我心者、吾絕之、防其危也。有足以資我心者、吾汲之、擴其微也。紹帝之後而開王之先、其夏勤惕厲之思、良亟矣。粵稽[illegible]之後、得一君子焉。告平成于天地、勤儉爲懷、佐飈贊于帝廷、矜伐俱泯。是非禹乎。

（振○遏○字○高朗）

禹也傳位而即傳心、舜之心傳于禹矣。而吾以爲禹之傳心倍難。上古文明方啟、二帝尚安乎艱食、物不備則欲亦不興。至禹而物備矣。九州之貢之後、保無嗜欲之拔我乎。禹之

（三○比○縱○大○設○論○[illegible]○問○[illegible]○人○不○得○）

雲居戲業

心其易流矣而何以為存抑懷安。方昔兩聖共切乎其咨功未成則

心亦日下至禹而功成矣元圭既錫之餘保無良規之日遠乎禹之

心其易恃矣而何以為存乃當日者總重華數徽穀百世而下誦有

博等古勁

夏之君子不衰此其心固有無在不存者而吾約舉其事以覌之蓋

承上用二零比劉犨心字肩岳挾肰

禹雖無所流也故能制其心以制天下人之心亦雖無所恃也故能

使天下人各出其心以就一人之心則旨酒之惡可思矣式飲之風

生于儀狄使人心蘗燕樂而畏勤勞皆自旨酒始也禹因其方始而

遏之以絕其幾者為我心防匪彝之至以屏其欲者為萬方留簡朴

一推自見

之誠其慝也皆夙夜競惕之思所迫焉者也旨酒如是凡動禹以欣

公理

羨者皆在所惡之中可知矣而人心之惕為何如而未已也則善言

校訂正

之好更足念矣都俞之盛時有昌言使吾心增神智而益謀猷者善言從也爲因其入告而嘉納之以受之于上者敬聆皋益之謨以收之于下者廣承芻蕘之益其好也皆我懷容徹之意所形焉者也善言如是凡示禹以懿行者皆在所好之中可知矣而道心之廣爲何人心道心總切如然則惡也好也即一二事而精微寓焉不然者明酒合歡聖人奚不易辭疏醉於台既至聖人自具嘉言而若是其惡與好殊殊也蓋嘗讀從出上言[illegible]長解人深致甘酒之遺饌聞拜言之盛事而知禹之明德遠矣

通章但是約舉一二事以見其全文從人心道心之辨看出憂勤惕厲大旨便已得大頭顱而切禹時勢立論尤能振出所以獨舉二者之故正講處語語透闢妙

丘處齊理學湛深蘊推獨步陳類[illegible]

第二十二冊　卷六十五

禹惡旨酒 一節 及 絳

即夏王之事而畧舉焉而見其心之所存矣夫禹固繼舜而存心者也旨酒之惡善言之好豈非存之之君子哉且千古存心之統自舜而開使有虞而下莫與為繼之者則無以承夫前將並無以啓夫後矣乃何幸有一聖人焉紹帝之統而開王之先其憂勤惕厲之心即約舉二事而千載下猶可得而想見焉其惟禹乎夫禹之存心則有難焉者晉戚以後天下已非草昧之風即嗜慾之構滋非一時之風會使然而禹則兢兢於神明之內而情欲之私防之愈密矣精細沉着底績以來天下辦御祇台之聖即臣民之一得何當於天子之高深乃禹則

稟之實有容之內而茹納之量擴之愈弘矣試取其事畧指之一則外其惡常隱焉矣以離合之幾不必在大一念自奉之奢而非幾之悚切責將有求全不及覺者所謂心之存者安在乎爲則惡之非徒以淡隳去此消亦餘德也理功細心惡一旨酒而凡紛華靡麗之境其足以濃我淵衆者無不存所惡焉可知也而寂衆之無幾有以見其心之常合而不離也也一則見其好善言焉我心純襟之端所係甚微觸有自是之心而驕溢之念將有中於不自知者所謂心之存者何在乎爲則好之非徒以虛受示謙德也好一善言而凡仁義道德之美其足以益我性情者無不在所好焉可知也而善下之虛懷有以見其心之常純而

不襟也已。吾於是而知禹之心無異舜之心也。大度之主。類多德量有餘。而不必斤斤于一事一物之間。禹何惡之好之如此也。想其惟危惟微。授受于一堂者已久。故雖處極盛之時。而依然咨儆勿逞之念。倍惕其將來。於是而知禹之存。即舜之存也。大畧之君。類多規模宏遠。而不必緦緦于飲食言論之細。禹何所惡所好如斯也。想其惟精惟一。告語于當年者有素。故雖極治道之際。而猶是人心道心之戒。常謹于隱微。則自禹有其好惡。前君子之心法以傳。即後君子之心法亦於此啓。此禹之存心也。而湯文武周公又從此見矣。

選詞確當。措意精實。費興來

禹惡旨酒而好善言　四節　未刻

孔毓璣

王者之存之、各舉其事之大者焉、蓋禹湯文武皆存之也；君子也、各舉其事、所為繼虞舜而著統乎○今夫由帝而至於王、固升降之論所從起也、而要其兢業之心傳、則固有克紹前人者○猶令人想見主道之大概焉、以余所言存之；君子必將致嚴于天人理欲之間○必將致謹于用人行政之際○而且民命自我立○道岸自我登○而由一家以及萬方○由一時以至百世○無一不歸度內焉○吾心存亡之介○不將由此而分哉○而吾則繼舜而觀禹；蓋以嗜慾之將至○往；見端于口體之間○而預為之防其漸焉○至于昌言之拜○復一本[illegible]不伐之心

（題○前○總○挈○一○段○整○齊○上下）

（精○切）

而誠篤以將之何有於茹納之不廣乎惡旨酒好善言之所以慎危微之辨者類此也更由禹而觀湯湯蓋以制事之不謹往往漸即于過不及之偏而重為之建其極焉至于官賞之懋德一本克寬克仁之意而公溥以出之何有乎族類之可拘乎執中無方湯之所以

合出淺三王分説界限明晰

著日躋之德者類此也亦越我周文武顯承相繼固兩朝而萃于一家而時勢既殊亦一體而分為異用當年孔邇既已興歌緝熙早已著德而此心之歆然者終無時可釋焉銘及于刀劍户牖威加于岳鄙三塗而此心之凜然者終無之可間焉如傷未見不泄不忘文武

總結嚴整

之所以昭敬止敬勝之傳者類此也以此知王者之心源莫嚴于逸

欲〇〇聖〇人〇之〇道〇法〇無〇過〇于〇憂〇勤〇三〇王〇之〇事〇不〇輙〇著〇乎〇後〇之〇君〇子〇可〇以〇興矣〇

亦高老〇亦生動〇罌義中罕見其匹〇劉春中

禹惡旨

孟子曰禹 一節

十八名史尚節

觀夏王之好惡、而得其存心之大端矣、夫禹繼舜而存我希之統者也、即其旨酒之惡善言之好、不可得其存心之大端乎嘗思物之足以移乎心者而暱焉就之理之足以摯乎心者而淡焉置之亦何以存其心哉乃古之聖王非必懼其能我移也而若或移之者而絕之（清切合題）不敢不嚴非必見其可深摯也而偶一摯焉者而愛之惟恐或遺千載下猶得想見其心也吾是以繼舜而更思夫禹了紹危微之統其靜存乎宥密之地者固不予人以可測也然而情之所發禹能自秘（嚴々清練）其我乎禹承精一之傳其惕勵于淵穆之中者人亦莫得而見也然而情之所寄人又得窺其槩矣何也禹蓋有好惡存焉也獨是帝王之好惡較之匹夫而所關為甚大一人作惡天下必有議其惡者一人作好天下必有議其好者且帝王之好惡較之匹夫而其情尤易縱我反天下之所好以為惡而誰敢違吾惡者我反天下之所惡以為好而誰敢拂吾好者即如一旨酒也雖不惡之而無傷也一善言也雖不好之而亦無害也以觀于禹則何如哉禹即不惡旨酒夫豈有損于聖德而禹必凜凜乎其惡之豈矯情以為惡哉其敬謹所存

（淡寫○正○涵○刺○入）

寔有時切一慆謠之懼故一遇旨酒儼若嗜慾之將乘而深惡之而不能已也抑禹即好善言夫豈有加于聖德而禹必殷殷乎好之豈

假飾以爲好哉其箴業所將寔有時存一不足之思故聞一善言不啻天理之來會而篤好之而不忍棄也百古有爲之王當其艱難肇造亦每深情慾之防迨大業甫就而心已荒矣試觀禹之功施何偉乎而猶一旨酒而必惡也其甚于旨酒者可知矣後來自好之君當其虛恒延訪亦常竊採納之名及已德稍進而傲已長矣試觀禹之德業何崇歟而猶一善言而必好也其大于善言者可知矣其繼舜而存我希之統也宜哉、

作此題者危微精一繼而開王舉一旨酒善言而凡大于旨酒善言者類可知以至享王食設鞀鐸種種惡狀枚舉不勝得此真爽

墨選襬才集　順天　乙酉科

暑行人井泉一杯

孟子曰　史尚節

禹惡旨酒

呂葆中

思夏王之心，所惡已足尚矣。夫旨酒微物也，而禹之惡存焉，嗚乎，即
是可以見其用心矣。且天下雖有荒淫之事，不足以沉溺聖人，則聖
人宜亦無惡于天下之事。然有甘悅在耳目之前，而所蘊在數世之
[illegible][illegible][illegible]
後者，蓋其憂勤惕厲之心，誠無已焉故也。吾是以參舜而論，夫禹、夫
舜為官天下之始，然猶然守成者也；禹為家天下之始，是著為開創
自[illegible][illegible][illegible][illegible][illegible]酒
者也。天下惟首為開創之人，其勤勞之意，無有不近于人情者。且舜
以匹夫之子而登庸，是始勞苦而後逸樂者也；禹以累續之冑而承
土，是始逸樂而後勞苦者也。天下惟紹逸樂而後勞苦之人，其幾於

本朝房行書歸雅

本朝房行書歸惟

○○○○○更○切○○○○

之戒無有言之而色變者故禹之事亦不一也而世之所以譏者則

曰惡旨酒云夫酌言嘗之以合歡也酌言獻之以行禮也若是則禹

○一○片○清○機

亦何惡于酒而禹則曰三揖而升百拜而飲苟如是了亦可矣而必

○不○得○風○旨○

為之致味者何為乎然則禹非惡夫酒也特惡夫酒之旨耳抑尊金

○原○批○如○刺○權○辭○鋒○

之旨取其香也黃目之氣取其清也若是則禹又何惡于酒之旨而

禹則醍酒在堂澄酒在下苟旨是了亦足矣而猶若未饜口者何

…酒○心○分○界○處○即○是○天○理○人○欲○畫○處

意乎然則禹亦非惡旨酒之為物也所惡夫必旨酒之心耳是故明

○亦○不○着○酒○

水之一變而為五齊也五齊之一變而為三酒也天地之氣其上開

○吃○緊

者如斯也禹亦不能使澄味之薄不衛而開而特惡夫開之之端哉

自我始則不得不蹠其所惡之人而以戒後嗣子孫若夫三酒之不（至此始犀利皆實事作證）能復還而為五齋也五齊之不能復還而為明水也世變之趨其不（一篷翻作兩層）反者又如斯也禹亦不能使天下之人力為之反而特惡夫反之之事不自我為則不得不存其惡之之意而并以告前世士者吾聞禹（亦一轉化作兩層）之之歎曰後世必有以酒亡其國者旨哉言乎旨哉言乎

每從議論盡處刻入一層故能令人尋味如水晶盤　原批

清則無累淡則無滓世俗非不能為文但滓與累多耳餔糟歠醨而自謂知味其言乃皆平原督郵也

禹惡旨酒　呂葆中無黨

思夏王之心所惡已足尚矣夫旨酒微物也而禹之惡存焉君子以是可以見其用心矣且天下雖有甚深之事不足以沉溺聖人夫既不足以沉溺聖人則聖人宜亦無惡於天下之事然有其悅在耳目之前而所慮在數世之後者益其憂勤惕厲之心誠無已焉故也吾是以繼舜而論夫禹夫舜爲官天下之終是猶然守成者也禹爲家天下之始是首爲開創者也天下惟首爲開創之人其勤苦之意每（于世情中挾出至理議論精闢）有不近於人情者且舜以匹夫之子而登庸是始勞苦而後逸樂者也禹以崇伯之胄而水土是始逸樂而後勞苦者也天下惟始逸樂

而後勞苦之人其覆亾之戒每有言之而色變者故禹之事亦不一
也而世之所首傳者則曰惡旨酒云夫酌言嘗之以合歡也酌言獻
之以祈祀也若是則禹亦何惡於酒而禹則曰三揖而升百拜而飲
苟如是是亦可矣而必為之致味者何為乎然則禹非惡夫酒也特
何惡
惡夫酒之旨耳擲鬱金之勺取其香也黃目之氣取其清也若是則
禹又何惡於酒之旨而禹則曰醍酒在室澄酒在下苟善是是亦足
是人心道心分界恐即是天理人
矣而猶若未適口者何意乎然則禹亦非惡旨酒之為物也所惡夫
飲食處
必旨酒之心耳是故明水之一變而為五齊也五齊之一變而為三
部若夫道理
酒也天地之氣其日開者如斯也禹亦不繼使滋味之薄不沛而開

○絕○有○至○人○分○内○事○

而特惡夫開之之端或有戒始則不得不蹂其所惡之人而以戒後嗣子孫若夫三酒之不能復還而為五齊也五齊之不能復還而為明水也世變之趨其不反者又如斯也禹亦不能使天下之人力為之反而特惡夫反之之事不自我為則不得不存其惡之之意而并以告百世王者吾聞禹之歎曰後世必有以酒亡其國者旨哉言乎

○帝○落○善○言○

○妙○絕○

旨哉言乎

每從議論盡處刻入一層故能令人尋味如水晶鹽 原評

作此題者不是存天理遏人欲腐儒寬頭巾語便是晉人酒德頌止酒詩於此題何與耶理精醇而文創闢惟此能翻一痛

孟子曰禹惡　一節　　江普

夏王存心於好惡即逸事而可徵矣蓋心之存莫著于好惡旨酒善言可以見禹焉且王者之興雖功蓋萬世必于用精之際爲然〻此非有所鑒而然也亦非有所勉而能也（述大禹之德）盛德亦自不同于流俗之所近一二逸事足垂千古矣君子之存心從發舒而起者其夏后氏乎閒嘗考之書傳舜之命禹也曰危微曰精一（同一根柢溪從分別）說者以爲帝王授受皆有不傳之秘諄〻相示茲數語者其存心之一証與雖然禹當司空既任之際水土告成之時現于則壤衍服先之以祗德之訓其統業之弗懈也　在位始然哉即人所稱道如此

奇酒拜昌言二卜斯亦足見也之無所不容而將惡可以量也

大禹矣夫後王之制禮也宗廟不廢酬醴燕饗亦具壺觴何獨于

治之隆乃致戒乎酒哉況儀畧初開汙尊從未遠也禹之惡之其

字有銀

旨也抑聖人之作則也風旨無非典彝昭示即為潛測何獨一辭

之贊乃嘉尚其言哉況鶴鳴難讀翕義何所効也禹之行之其

出語數後類人情

甚一物也而能動聖人之忤其亦可畏矣以約無足畏焉淡假

中于人心且漸長而不可制節性防淫其局散替也故為一人惡

其旨者其跡顯為萬世惠其旨者其志微一言也而可陳聖人之

前其亦足異矣以為無足異焉浸假而倦于所聞將好德其多所

逆旋明斷斷其爲可致也故雖一言之善而好之必盡其誠當衆

言字該括

言之善而好之弗歉于量斯時也平成奏績萬物亦效其脩溥然

九州貢物各有常經明示天下以不貴異物之衷罔以旨酒類

耳而縱恣一人者且昵玩惆恍也夫寡欲之主或未優茹納之誠

從諫之朝或未盡防微之意孰若禹之純粹兩懲者哉斯時也粒

食既登萬物日明其智慮然一王制制惟尚樸忠明示後世以典

則貽謀之善無非此惡旨之志耳而乃方規德者抑何多效忠也

夫熟知樹下一時所不足盡一念之孫謀論發于盈廷恒不足焉

一謀之獲孰若禹之精微無者哉其所以爲總算之一人

已〇

酒何可惡言何可好從百字善字着眼好惡亦深淺一等惡字

酒兼一身萬世好善言兼一人衆人論俱洞徹好惡真常亦妙

人所有未若此傳大精深淘推杰作　兆恒

孟子曰盡　紅

禹惡旨酒　全章

李光地

三代之聖人所以存其心者皆可述也夫禹湯文武周公皆聖人也而無不憂勤惕厲以存其心者故孟子歷述之蓋謂聖人之時位不同而心法若一如舜之為成性存存者尚已而舜以是授之禹者也觀其儀狄疏而旨酒有訓皋陶拜而昌言是師所以砥[illegible]而湯斷斷其存心一何至乎禹又以是授之湯者也建中于民則垂于仲虺之誥旁求俊乂則徵之伊尹之書所以昭德而裕後者其存心一乎周乎若乃湯以是傳之文武周公則其心法尤有大備乎一家者德冒于西土矣而自朝至昃諴和萬民則其視之猶

一脉相同

憂之處其有法

各援比對

文傷也道符于天載矣而小心翼翼昭事上帝則其望之而未見也是文王之心之存也盛德不狎侮故受丹書而謹小物納旅獒

（貼注德盛仁至）

而矜細行焉深仁在貽謀故雖四方之遠固不祇畏奕世之後繼序不忘焉法武王之心之存也周公之心則欲揚文武之光烈監夏商之成憲其有不合者是三王有未兼也固難已于繼日之思

（確）

幸而得之是四事有可施也曾不辭夫待旦之瘁然則終日乾乾夕猶惕若是其端居深念之欲也明光上下勤施四方是其設誠致行之驗也周公之存其心者又如此吁此三代之學也

（端居深念設誠致行形容極備要歸仍是發與誠耳）

手〻徵實是前輩法　尔記

如題各還兩周公節本有無三王施四事句删更加推明而着四聖人之心法亦備尤具化工肖物之妙

明清科考墨卷集

第二十二冊　卷六十五

孟子曰禹　一節　　順天　李嗣發　五十五名

存心以開王統即好惡而觀其失焉夫旨酒善言此理欲所由分也
惡之好之禹之存心所以開王之統歟且夫具上聖之姿而惕了焉
不敢自安者何哉亦惟此存理遏欲之念多時或忘耳蓋有一私之
（兩股直）
未去即爲全体之累有一理之未親即爲全体之遺此總帝之緒而
開王之統者無往而不深其虞惕也吾嘗穆然想見夫禹湯風會之
交漸趨于薄其引我于嗜慾而滑我之心志者不少矣倘以一時之
（此二比亦豊点）
（毅益層如乎）（老遠而飽）
偶感而稍徇其私此即心之疚也跡起後世以繼傚之漸精一之傳
岂容多輔其攝我之道心而裨我之神智者良多矣倘以一時之偏

鄉、生時
同科
日堂

好而不錄其善非即德之衰也、亦開賢士以遐棄之端矣是以有
酒焉則惡之有善言焉則好之當日克艱示警何時不凛非幾之戒
即有一物之快意決不以口腹之細而遂形其過慕焉以為欲之動
文情華贍卻是賢者形容清理披佳
也不在乎大念自九載憂勤以來久已深悉稼穡之艱難而絕意乎
紛華乃以旨酒而甘之則夫惡衣菲食而甘心淡泊者果何為也而
安可不深惡焉排斷遠也凡所以悅耳目而娛心志者皆淇惡之極
懲不甚者矣當日都俞畢獻豈盛哉有嘉言之伏是即一言之偶當
求必有補乎神聖之業而猶助其高深焉以為善之積也不遺其小
命自命朝禪讓以來方且深懼吾德之涼薄而時切冀旁求以善

言〻而忽之則夫建鞀懸鐸而樂聞忠讜者又何爲也爲安可不深好焉亦〻斯意也倘有執道德而格才猷者皆其好之雅然不至者矣有所惡以防其漸有所好以廣其益天人理欲之幾原不容以並立者

前〇者〇斤〇兩〇

所好即有所惡可見天理之常存有所惡復有所好益信私欲之害

神〇來〇措〇是〇

去內聖外王之道所以極乎至純此其繼舜而爲存之〻君子執

文情茂美意味深厚無叫囂之氣多拔木之滴披讀數過亦幾乎飲醇醪而聆甘言也　鐵師貞先生評

句〻切禹身上積思妙緒觸手紛來又能綰到存心章旨不墮滑廊是天上之機杼非人間之刀尺　吳竹來先生評

欲之動也不在乎大善之精也不遺其小一語擬天千百題首

自發透萬尔言

恬永悠揚當由邃養而得彼養之未邃者但見用力尋索盈楷皆

浮而已機致更湞圓潔為首題大有佳文故于二三題窄其額

以多收之闈者勿訝其太刻　蔣梅七

第三比精工深厚乃有本學有得時流罕比

孟子曰禹　一節　中二　順天　吳翊　三十三名

稽夏王之惡與好皆以觀其微也夫禹之所惡好豈獨旨酒善言然惡好之各當見端于此矣孰非存心之驗哉凡自古心法相傳而于（貼心字得主腦）（即貼）所好所惡尤君子見心之最切者也好惡失其正則愛憎溺而人心（旨酒善言者）之所以肆也好惡當其施則剛明與道心之所以存也夫帝王持世總不外好善惡惡兩端而碩獨覩其幾焉節慾防危慮衷翕受（不抹孟子曰三字）此尤稽古者闡微之論矣說在孟子贊禹而敘其存心之事也禹紹帝之學當克承其欽明畏止之心然唐虞之風氣尚存簡樸禹之時（時以尚論千古）嗜慾開而耳目易蔽于此而忽于一惡遺于一好也亦時會中不可

時　下孟　乙酉科　敬日堂

知之數矣禹開王之統當先啓其氣逸僃㒰之心然殷周之法戒備
極詳明禹之時箴誦瞽而懲勸猶跡于此而一物或投一言未契也
亦君德中不及檢之事矣乃禹之存心若至也惡旨不厭也好善不
浹也其惡一證于旨酒朝饗而賓酬酒有常荤矣外此而味不協于
古來綺染
醴人氣不調于司祿燕樂之需遂足為有国之疢疾乎叢嗃則以為
不避实擊虛見作者本領　者　本　長狀
酒之敗德也沈湎所以召災也旨酒之乱法也醇醲尤足釀害也禾
都有別味
下宗我以甚甘者而甚苦之味日茹而不知惡之者非僅卣卣勿登
證據典雅
而已我心中定有荼蘖以視之者焉後日耽酒興歌子孫欽皇祖之
說入情細尤見聖人全量
訓猶但傳誥誡之諄詳而未及窺神明之厥密矣而其好一證于善

轉折多力股法謂是

言益贊而皐虁善固允諧矣下此而語或獻于芻蕘詞偶陳于鞀鐸踈逖之談尽足入深宮之寤寐乎（淡○而○有○韵○）異禹則以為言之益人也請獻所（大吉以）當（資）啓沃也善言之庇固也謨明尤需弼諧也（微者究衰）世有諂吾以大善者而小善之聞雖微而必樂好之者匪獨鼓鐘懸設（雅○韵○古○音○）而已我心中寔有饑渴以求之者焉當日昌言下拜史臣揚文命之休猶但推躰貌之傷崇而未及叅精神之孚洽矣（好○惡○字○古○入○刻○入○）然則一好一惡各不相謀則以惡極其惡好極其好者見存心之各至焉（各○至○交○至○妙○能○言○之○竅○）夫監史之糾瞽矇之訓亦何代不陳然一濡口而凛于興亡（筆○力○大○雅○）一側耳而勤于歌拜則非心誠于惡心誠于好者未能謹度而戀摯如此也推之惡在酒而内荒外嗜之悉掃（無○有○意○旨○）

孟子曰

好在言而九叙九歌之允協孰非于是非不爽寓彰善癉惡之權也
埶抑公好公惡咸惟一致又于惡以成好好以全惡者見存心之交
至焉夫酣歌者咈蓄醉德者興賢原千古相關然飲食非而聽受彌
少長故不篇
笔、貼笔、典
聽諫靜聞而慆淫惡泯非真惡不遺好好不遺惡者未能旁通而曲
暢如此也推之屏甘疾而知忠佞之不同升進嘉謨而知莠良之有
善擇孰非于公私之途本存誠遏欲之天也哉夫政舉其全見帝王
除勇可賈
之大綮事存其細驗聖人之小心一好惡間皆憂勤惕厲所形也此
所以為存心也
孟子歷舉君子之存心各以一二事盡之此一二事者是足以盡

聖人一生分量但得手處各有不同耳若小看了旨酒善言則是孟子就有遺議待人補苴文獨不然靠定發揮而弘麗典雅的是廊廟之才 汪杏邨先生評

筆筆典筆筆雅筆筆貼才長故驅役經史不至乏竭 周其蓮

惡旨酒好善言自是大聖人兩件絕要緊事每怪作者徑將本面抹過都作推開話頭又或專填一切廓落語油滑腔如太倉陳米腐爛不堪上口以予所見文不下二三十首僅得此篇能屏絕陳因貼題窾講後幅各至交至意更周密其澤以經典出以雅馴尤不易辨 蔣梅士

故前此所就之業他日覆觀之而仍見可恃者其人不足言也前此所期之美他日覆思之而仍見可慕者其人亦不足言也　明天地間〻有是理〻〻尚在天地間也不如其欲攬而歸我已引天地間之理於我心是理尚未至於我心也不如其已至而相忘也

孟子曰禹　一節

順天　吳翊　名

稽夏王之惡與好皆以觀其微也夫禹之所惡好豈獨旨酒善言然惡好之各當見端于此矣孰非存心一驗哉且自古心法相傳而于

皆心字得主腦即貼

所好所惡尤君子見心之最切者乎好惡失其正則愛憎溺而人心之所以肆也好惡當其施則剛明具而道心之所以存也夫帝王持

旨酒善言宏

世總不外好善惡惡而端而顧獨覘其幾幾焉節慾防危慮衆貪愛

不昧流予日三守心

此尤稽古者剛微之論矣說在孟子贊禹而叙其存心之事也禹紹帝之傳當克承其欽明厥止之心然唐虞之風氣尚存簡樸禹之時

可以尚論千古

嗜慾開而耳目易蔽于此而忽于一惡遺于一好也亦時會中不可

知之熟矣禹開王之統嘗先務其全造作所之心然殷周之法戒備
極詳明禹之時茂誦畧而懲勸猶迹于此而一物式投一言未契也
亦君德中不及檢之事矣乃禹之存心者至也惡旨不疑也好旨不
泆此一其惡一評于旨酒割饗而賓嚮酒有常舉矣外此而味不協于
（古○采○終○染）
醴人氣不測于司祿燕樂之需遂足爲有國之疢疾乎哉禹則以爲
（不避實嗶虛見○作○若○未領）
酒之敗德也沈湎所以召災也旨酒之亂法也醇釀尤足釀害也
（知○有○別○味）（狂○樸○典○雅）
下嘗我以甚甘者而甚苦之味目茹而不知悉之者非僅卑鹵勿發
而已我心中寔有蒸藥以視之者焉後日耽酒與歌子孫欽皇訓之
（說○入○精○細○方○見○至○人○全○量）
訓猶但傳諸誡之諄詳而未及寬神明之疑密矣而其好一

言盈贊而皋賡善固允諧矣下此而語或獻于蒭蕘詞偶陳于輅鍾

竦褻之談（淡而有的）盡足入深宮之寤寐乎救禹則以為言之益人也猶獻爾

當啓沃也善言之庇国也謨明尤需弼諧也世有詔吾以大善者而

（雅淵古音）小善之聞雖微而必採好之者匪獨鼓鐘懸鞀而已我心中寔有繼

渴以求之者焉當日昌言下拜史臣揚文命之休猶但推辭貌之優

（好惡字十分剔入）崇而未及叅精神之乎洽矣然則一好一惡各不相謀則以惡極其

（各字交互妙條言之鑿鑿）惡好極其好者見存心之各至焉夫監史之糾瞽矇之訓亦何代不

（點亦大雅）陳然一濡口而凜于興亡一側耳而勤于欲拜則非心誠于惡心識

（亦有姿音）于好者未能謹疾而黜絕如此也推之惡在酒而内荒外嗜之惡惛

于曰

好在言而九叙九歌之允協孰非于是非不爽寓彰善癉惡之權也
契柳公好公惡猷惟一致又于惡以成好〻以全惡者見存心之交
至焉夫酣歌者咈耆醉德者興賢原千古相關然飲食非而聽愛竊（長波不竭）
聽諫許開而惱淫悉泯非真惡不遺好〻不遺惡者未能旁通而曲（筆皆筆典）
暢如此也推之屏卄疾而知患佞之不同升進嘉謨而知莠良之有
善擇孰非于公私無迕本存誠遏欲之天也哉夫政舉其全見帝王
之大業事存其細驗聖人之小心二一好惡間皆憂勤惕勵所形也此（餘勇可賈）
所以為存心也
孟子歷舉君子之存心各以一二事盡之此一二事若是口 盡

孟子曰禹　一節　　三十三名　吳翊

稽夏王之惡與好皆以觀其微也夫禹之所惡好豈獨旨酒善言然惡好之各當見端于此矣孰非存心之驗哉且自古心法相傳而于所好所惡尤君子見心之最切者乎好惡失其正則愛憎溺而人心之所以肆也好惡當其施則剛明具而道心之所以存也夫帝王持世總不外好善惡惡兩端而顧獨觀其兢兢焉節慾防危處裘衾受此尤稽古者闡微之論矣說在孟子贊禹而敘其存心之事也禹紹帝之傳當克承其欽明厥止之心然唐虞之風氣尚存簡樸禹之時可以尚論于古嗜慾開而耳目易誘于此而忽于一惡遺于一好也亦時會中不可

知之數矣禹開王之統當先放其無逸作新之心然殷周之法咸備極詳明禹之時箴誦畧而德勸猶咏于此而一物或援一言未契也於君德中不及檢之事矣乃禹之存心者至也惡無不嚴也好無不淡也其惡一証于旨酒朝饗而賓醑酒有常舉矣外此而味不協於醲人氣不調于司祿燕樂之需遂足為有國之疾疾乎哉禹則以為

（不避艱鑿處現○作者本領）

酒之敗德也沈湎所以召災也旨酒之亂法也醇醲尤足釀害也天下嘗我以甚甘者而甚苦之味日茹而不知惡之者非儀狄旨勿登而已寂心中實有茶蘖以礪之者焉後日耽酒與歌子孫欽皇祖之

（於○入○情○細○方○見○字○字○金○量）

訓猶但傳誥誡之辭詳而未及窺神明之嚴密矣而其好一誕于善

言益贊而皋夔善有克諧矣下此而語或獻于芻蕘詢偶陳于鞀鐸疏逖之談盡足入深宮之寤寐乎哉禹則以為言之益人也猜獻所當放沃也善言之庇國也讜明尤需弼備也世有詔吾以大善者而小善之聞雖微而必採好之者匪獨鼓鐘懸設而已我心中實有饑渴以求之者焉當日昌言下拜史臣揚文命之休猶但推休貌之優榮而未及叅精神之孚洽（各心意趣至妙能言之槃）矣然則一好一惡各不相謀則以惡極其惡好極其好者見存心之各至焉夫監史之糾瞽矇之訓亦何代不陳然一濡口而凜于與亡一側耳而勤于歌拜則非心誠于惡心誠于好者未能謹嚴而懇摯如此也推之惡在酒而內荒外嗜之慾捐

好在言而九叙九歌之允協孰非于是非不爽寓彰善癉惡之權也
哉抑公好公惡体惟一致又于惡以戚好〻以全惡者見存心之交
至焉夫酣歌者咈耇醉德者與賢原千古相閒然飲食菲而聽受彌
聰諫諍開而愊湶悲泯非真惡不遺好〻不遺惡者未能旁通而曲
暢知此也推之屏甘疢而知忠信之不同升進嘉謨而知蕘良之有
善擇孰非于公私無淫本存誠遏欲之天也哉一夫政舉其全見帝王
之大畧事存其細驗聖人之小心一好惡間皆憂勤惕厲所形也此
（餘○勇○可○賈○）
所以為存心也

孟子歷舉君子之存心各以一二事盡之此一二事者寔足以盡

聖人一生分量但得手處各有不同耳此題自宜就好惡旨酒善
言寔發諸秋皆作推開一步說小看了旨酒善言則是孟子就有
遺議待人補苴文獨不然靠實發揮而弘麗典雅俯是廊廟之才

孟子曰禹　吳　翊三

孟子曰禹　一節　　吳世標

稽夏后存心之統，合惡與好而皆見焉。夫惡與好，人心之大介也。旨酒善言，關禹之存心所由見云。孟子序存之之統，而次及於禹，曰：粵稽古帝舜尚矣，繼此則及夏后氏，蓋以執中之統緒，自虞廷而人心道心之辨，禹實親受之，以為聲律身度之本者也。故終千百載後考其軼事，以想其用心之所存，則其惕然于危微之防者，有不能自已者焉。彼禹之惡與好，非其較然者歟？蓋惡與好，情之無定者也，禹則以情返性，故即偶然之一惡一好，而是是非非，各安其正。抑惡與好，又欲之易肴也，禹則以道制欲，故即紛然之

（旁批：應起坤承之）

（旁批：先出好惡）

（旁批：後全伴忽出二事）

曾補程墨實錄　孟子

或惡或好而齊惡彰善必持、、公其于旨酒也則惡焉夫素衣為
酒而賓主之礼因焉禹豈必諾諾一酒之是絕哉良以天下非嬰
之綱禋如家常先吉務慎接
之易貢而燕昵之易親者皆自此一念之可甘者致之也旨酒濃
微稍假之緣而嘗我者至矣故務乎惡以絕之也而于善言則好
焉夫謨明弼諧而颺拜之風盛焉禹豈必孜孜焉衆言之是蔡哉
良以天下文思之為美而允塞之可風者皆自此萬善之歸懷哉
致之也善言雖衆不深其愛而棄我者多矣故務乎好以茹之也
俟征全身內適出方與使人以好惡不同
蓋聞邪存誠者聖人之所以為學故苟有類乎邪者而惡之必深
苟有近于誠者而好之必篤敬其心以待萬物之來雖善惡交乘

○○合○情○好○惡○說○透○不○用○推○廣○多端

其或斷惡不忍以開嗜慾之萌當好不好以失懿良之美者無之

吾夫○子○出○而○而○其○圓

至欲盡經全者聖人之所以為德故拔以心之所本無而拂然逆

諸懷接以心之所本有而欣然協諸慮純其心以應萬物之變雖

各作○發○互○博○聰○氣○足

愛憎雜乘其或好其所惡而嗜好或損其天喪惡其所好而至理

偶滑于偽妄者無之參昂故推酒之惡以至所可惡而無不惡推

言之好以至于所可好而無不好而幾微之必盡者於此識禹之

聖○人○只○行○所○無○事

道之精推酒之惡至于無不惡而并不自知其惡推言之好至于

無不好而并不自知其好而渾然其無我者于此識禹之道之一

夫禹乎其繼舜而為存之

君子乎而繼禹者何如矣

增補程墨彙選

絶無閒語爾華英鑠鑠也卓不群　主考原評

一禹心無欲故不可接以欲禹心純理故無不可接以理雖旨酒善言在前未嘗不提防警覺而本体固自在也他人看小旨酒善言並好惡亦看小題外再作推論便是添補非題義見得此意也作者納二事于好惡內直寫聖人學德全身眼光烱耀千古依雲

孟子曰禹　吳

[孟子曰] 禹惡旨酒而好善言（孟子） 汪洤

禹惡旨酒而好善言

汪洤

稽夏王之所以存者，謹好惡而已。夫旨酒善言，不足以盡好惡之事，而二者其大端也。是可徵禹之所以存矣。今夫人心之失，好惡為之；而人心之危，亦好惡决之。顧常人之好惡逐於物，而心受其蔽；聖人之好惡發於心，而物得其宜。雖其敎命祇承之深衷不可盡窺，約舉一二事，而當日競競理欲之際，千百年後想其心，如將見之。蓋嘗博覽帝王之書，而嘆危微精一之旨，舜首得其傳，禹寔承其緒也。繼大舜而起者，其在禹乎。聖人垂戒，無在不思絕天下非僻之原，而從欲之危去之，惟恐不力，非過慎也。欲之害人，雖聖

折入深際

一氣勁折，分力絕人。

落法嚴重

兩大比中須有其各用六

局洪發宣義，而氣脈雄渾，銜接無痕，尤當細味淡語切

人不可以嘗也乃禹之於旨酒也則惡之矣聲色貨利皆可以惑（此下分六層○一層）
人心而惟酒之亂性也其勢烈而且速薰之以旨則非復太古淡（二層）（三層）
泊之遺而飲而甘之雖有聰明亦沉酗而不知所止且以日用飲（四層）（五層）
食之事而無端忽開一途以汩沒斯人之恒性則其禍之中人勢（六層）
將不能以復禁由一二人甘之至於舉天下莫不饜之厭患深矣
（一句收足）（此則推向）
惡之可不急乎禹若曰旨酒之於人為欲甚矣由吾之惡不獨戀
（題後）（洗轉此層包）
其已然者易為功即防其未然者亦易為力也推之聲色貨利凡
（最甚緊）
新奇之日生而不已者大抵可作旨酒觀也昔者儀狄作酒禹疏
絕之茲非其往事歟聖人垂訓無在不思定天下由之準而順

理之裕收之惟恐不多非自小也理之餉人雖聖人不可以厭也乃禹之於善言也則好之矣道德功業皆所以裨政治而惟言之

看者蓋必知此其筆力始出而轉旋之清而功處亦一一分明　得以須會作大會

入人也其途博而易取重之以善則非特芻蕘淺近之詢而聞而愛之雖甚愚蒙亦領畧而知其可聽且以語言應對之常而遂能

若因爾續之使不見其妙　其一氣揮逸處若有物憑之意

各展其藴以開拓斯人之意量則其爲之及人勢亦不可以或禦

引于前展注于後此見何等腕力

由一二人宣之至於舉天下莫不法之厥施溥矣好之可不誠乎禹若曰善言之於人爲理大矣由吾之好不獨集衆思者可以遠尤即獲片語者亦可以蓄德也推之道德功業凡美大之卓犖而可紀者大抵可作善言觀也昔者伯益贊言禹拜曰俞茲非其明

徵。欸、吁此禹之所以承帝統而開王業也。此禹之所以存之者也。

此題稍有本事便知用對樂獨此於對舉中凡作無數層折道理推闡盡情而又用一氣健頂健折以出之兩行樹直却藏得萬點山尖故不可及此兩扇文之登峯造極者前輩評歸太僕堯以不得舜為己憂二句題文謂其兩扇中如雲烟風雨雜幕林川空中別行日月此文直與之代興

孫咸三

禹惡旨　汪

禹惡旨酒　二節　會墨　汪師韓

觀二王所以存心者而憂勤之意見矣夫好惡之攸存人己之交盡禹湯所以存心也斯爲紹舜而起者哉且夫嫉邪而崇德者主志之清明昭德而尚賢者王衷之正大盖理與欲不兩立坊檢歪而茹納必宏政與人宥兼資精一深而敷求自廣畧舉一二事而古聖王憂勤惕勵之心已恍乎如見焉粤若危微之有訓也而祗承者惟禹時歷平成之候則睿懋漸開世治渾噩之風則洽謨易集而禹於此乃有天人交儆之學焉且文命之誕敷也而纘服者惟湯允執已相傳於奕禩則紹述有基一德難繫望於草茅則搜

發端遒鍊

議論開拓

羅無盡而湯於此乃有已物兼成之德焉維辟玉食而厥篚厥筐之獻藏貢者九州禹亦何靳於旨酒而禹則曰天下縱心敗度之端（精○語○）大抵皆由於旨也郤帝女之觴於進獻述王祖之戒於詒謀業業乎惡之實甚焉由是本防維後世之心為嘉納當前之意言而善也何容不好乎拜手稽首豈其隆以虛文建鐸懸鞀實則導之（清○辭○洒○蘭○秀潔）先路中心之篤嗜誠有莫釋於寤寐者則觀於好惡之間而禹之存心不已得其大凡也哉維皇建極而不邇不殖之恉歸德者九有湯寧有歉於中道而湯則曰天下揆幾度務之途是難適得其中也罔敢矜智勇之錫於天罔敢忘日躋之敬於己兢兢乎執而

不遑焉由是本制事制心之養爲懋官懋賞之誠賢斯立矣豈抱

元圖只須王無非

以方乎阿衡升於在野而巨族世家之見初不設於意中鳩方用以名書而比肩接踵之英亦何妨乎待用哲人之旁求誠有弗問

夜光

其倫類者則觀於執中立賢而湯之存心不又得其大凡也哉是

後精神愈旺意議愈精

知失德之事不任大即一飲食而必謹防閑進德之事不在多雖屬芻蕘而必勤咨訪禹惟惡人所當惡亦好人所共好而克治之衷與鼓舞之情自並行而不悖抑爲此心勵操存之守則善建不拔而於參錯不齊之內得至當之歸爲造物惜生材之難則登進無遺而於賢哲挺生之中大曲成之術湯惟以中爲主宰亦以賢

剔腠肱而日新更容於中。公選者不遺於下。士實相得而益彰此。其上繼有虞氏之傳。而下開文武周公之統者乎。得心應手。落紙如雲。想見興酣潑墨。二場儷體。摛徐庾之菁英。追枚馬之逸軌。足以黼黻庥明。五策貫穿古今。尤具淵通之識。本房鄒慎齋先生

禹惡旨

禹惡旨酒　二節

雍正癸丑會試　汪師韓

觀二王所以存心者、而憂勤之意見矣、夫好惡之攸存、人己之交盡、禹湯所以存心也、斯為紹舜而起者哉、且夫嫉邪而崇德者、主志之清明、昭德而尚賢者、王衷之正、大抵理與欲不兩立、防檢至而茹納必弘、以與人有無資情一深、而數求自廣、累舉一二事而古聖王憂勤惕勵之心、已恍乎如見焉、粵若危微之有訓也、而祗承者唯禹、時歷平成之餘、則嗜慾漸開、世沿渾噩之風、則容謀易集、而禹於此、乃有天人交儆之學焉、且文命之誕敷也、而纘服者惟湯、允執已相傳於今、則紹述有基、一德難概望於草茅、則搜繼無盡而湯於此乃有已化兼成之德焉一維辟玉食而厥篚厥筐之獻職貢者九州禹亦何靳於旨酒而禹則曰天下縱心敗度之（顛之入亡之心）端大祇皆由於旨也抑帝女之觴於絕域貽王祖之戒於後昆（與之責乎之書）業乎惡之寔甚焉夕茫本防維後世之心為嘉納當前之意言而（由之忍之開之而之字之義）善也何容不致乎拜手稽首豈其隆以虛文建鐸懸鞀寔則遵之（無之語不之指也）況路中心之篤嗜誠有莫釋於寤寐者則覩於好惡之間而禹之存心不已得其大凡也哉一維皇建極而不邇不殖之恍歸德者九有湯寧有歉於中道而湯則曰天下憸幾度務之塗最難遵得其（題中要）中也罔敢矜智勇之錫於天罔敢忘日躋之敬於己兢兢乎兢兢

不遷焉由是本制事制心之養為懋官懋賞之誠賢斯立矣豈（字字得力）以方乎阿衡升於在野而巨族世家之見初不設于意中鳩旁用（清高）以名書而比肩接踵之英亦何妨乎待用哲人之旁求誠有弗問（金石露）其倫類者則觀於執中立賢而湯之存心不又得其大凡也哉是知失德之事亦在大即一飲食而必謹防閑進德之事不在多雖（中肯透識此用對拈切厚神完）屬芻蕘而必勤咨詢惟惡人所當惡亦好人所當好而克治之（再合而出之意）衷與鼓舞之情自並行而不悖一抑為此心勵操存之守則吾違不拔而於參錯不齊之內得至當之歸為造物惜生材之難則登進無遺而於賢哲挺生之中亦曲成之術湯惟以中為主宰亦以賢

為股肱而日新更察於中人選舉不遺於正士實相得而益彰此其上繼有虞氏之傳而下開六武周公之統者乎

填寫禹湯公家語不與存之上脉相関雖典貴何益此又按切脉理字無泛設不處言造句尤工雅秀拔酷似隆萬人名手筆絶蕩宣

骨勁神清意精辭拔練不傷氣華不掩質昔人謂子虛上林取林宮麗而精神流動用意極高吾于此作亦云　秦孚封

禹惡旨　汪

禹惡旨酒 二節

雍正癸丑會試 沈文鎬

觀夏商之君子、可約舉其能存之槩焉、蓋好惡克謹、而行政用人之無偏、禹湯之存心、約畧可見矣、其克紹夫舜也肯哉、今夫人道几微之介、内萌于性情、外彰于政治、苟因任而流為縱逸、與拘守而失于偏倚、二者均無當也、是以古之聖王、遏欲存理、嚴制防于愛憎、而一己無詔之性情、敷政任官、定權衡于調劑、而四海仰咸宜之政治、後之人多即一二事以想其全量、幾難謂帝升而王降也、大舜而後、不有禹湯之繼起乎、明德難窺、即宅衷之欣厭、無私已可覘精純于主臨照、而下蹤觀制用之化裁、各當不難徵心

（上下自然融結）

（龍章有局）

法下綏猷故禹也親於和一之訓而秖合德先豈尚有欲敗度而
縱放禮者隱貽志氣清明之累然以私之易于中人也邃已則便
（推看入例）
損已則離循是口耳所接伺無溺于甘而悼于苦以漸流為蕩軼
是亦幾微累而全害虧也禹故于旨酒則惡之絕人心之偶感而
屛除必力也善言則好之樂道心之多助而念茲勿釋也是惟
乎之克儉克勤預清好惡之源故能以世味為可淡而以道味
（排宕沉汲勢極雄渾）
為堪腴即風會日開九土來方物之貢謨謀盡善四海仰文命之
歟而禹之嚴嗜欲而篤謙沖者仍不忘幾康交勅之心也夫私不
（轉入存心抱不背題衍出湯事寔）
存大燕昵勿開即可慆淫之盡絕理亦不在大蔚非兄悖即使人

性之多資禹之能存也蓋如此抑湯也遂承允執之統而表正以
邪豈尚有嚎察絕網而棄賢能者致乖張弛登進之宜然而事之斷
于盡善也拘泥則失變通則得當夫廟堂布治保無任意見而限
資俗以自失于偏陂是亦致用違而鈍体睞也湯故于中則執焉
懋昭大德而日變體貴也於立賢則無方焉敷求哲人而三傳克
推若出須
宅也是惟平日之一遡不猶豫端其建中置輔之本故能式圍于
帝命而不違于帝臣即知勇決錫聖人有可恃之才能亦聖聿求
治進曾存心更透
同朝有傑出之英後而涓埃之慎創建而廣蒐蘿者仍不忘昧爽丕
顯之勤也夫政不在外不能不紬以見調燮之有本人亦不在

介懋官懋賞即以徵懋戒懋之無私湯之能存也又若此見知聞知二聖之時會各異而懋修不懈所以並紹乎溫恭濬哲之傳文德武功兩朝之治術不同而道法則同所以遞開夫緝熙執競之緒後有君子其迭起起我周乎

四射而不入于的近文之通病也處處歸宿本旨陶中肆外悉石為殺雲霞煥采煌煌鉅麗之篇　秦李封

崇論閎議妙在步步攝入存心非泛寫禹湯事實中二段層波疊折極離合擒縱之妙却有浩氣往還故縱橫排奡之中自覺精團力聚是為神勇　唐端士

禹惡旨　沈

孟子曰禹　一節　　十四名　沈廷藻

憂王存心之統、于好惡得其概矣、夫旨酒善言、理欲所由分也、惡在
哉、而好在彼、禹之存心也、亦何時敢自已乎、今夫自帝而王、則由性
而反是、一動念（劉○銘○）之際、皆見憂勤、而一事物之微、皆徵道術者也、使其
稍自暇逸、或以為無損也、而任之、或以為無與也、而棄之、則所關于
理欲之介者、甚虞其辨之不早也、禹非繼舜而存心者哉、當日帝廷
之咨儆、禹既已耳為承也、人心道心之別、有微焉者也、當日兩朝（孟○子○舉○）之
授受、舜又已親為命也、維危維微之戒、非累焉者也、則觀禹于好惡
（云○端○以○蓋○大○禹○其○旨○如○是○）之間、亦得存心之大凡矣、則觀禹于旨酒善言之間、抑亦得好惡之

大凡參四方玉食之所奉也六何所靳于旨酒而獨惡之哉而禹以為天下縱心敗度之為大抵皆由于其旨也聲色貨利無不引吾以甚甘吾以其為旨也而嗜之則天下且有有出其旨以嘗我者而我將何以禁之也則漸不可長也禹也不必旨酒之御于前而擯絶之惄惕乎有深惡焉不啻惡言之入我耳也推斯惡也而閑邪之功何所不力乎千古明德之所貽也又何所歎于善言而獨好之哉而禹以為吾身善世宜民之用大抵多出于言也矇瞍芻蕘無不堪效其一得吾明知其善也而棄之則天下且有共匿其善而不令吾知者而我又將何以取之也則機不可遏也禹也不問言之出于何人而

昌言之拜淵乎有篤好焉何止如旨酒之違我曰也推斯好也而存誠之功又何所不至乎是知修德之事不必在多進德之端亦不在大曰以此二者交暢于中覺好惡之微動関學問而理欲之所以不淆且惡人所不惡其惡乃真亦好人所共好而好弥永時以此二者互持其際覺好惡之用自有性情而人禽之所以遂別歟則禹之存心也此所以上接有虞氏之傳而下開湯文武之統者哉

不使一枝蔓之筆精神剛結淵淵乎玉潔珠光

孟子曰禹　一節　沈廷藻

夏王存心之統於好惡得其概矣夫旨酒善言理欲所由分也惡在此而好在彼禹之存心不於此可見乎今夫自帝而王則由性而反是一動念之際皆見憂勤而一事物之微皆徵道術者也使其稍自暇逸或以為無損也而任之或以為無與也而棄之則所關于理欲之介者甚廣其辨之不早也禹非繼舜而存心者哉當日帝廷之咨儆禹既已耳為承也舜又已則為命也維危維微之戒非眾焉者也則觀禹于好惡之間亦得存心之大凡矣則觀禹于旨酒善言之間抑亦得好惡之大凡

者有閒方道意方步則話

並四方天飲之所奉也亦何所靳于旨酒而獨惡之哉而禹以為天
下縱心敗度之為大抵皆出于其旨也聲色貨利無不引吾以甚甘
吾以其為旨也而嗜之則天下且有百出其旨以嘗我者而我將何
鬱禁之則靳不可長也禹也不必旨酒之御于前而憤絕之意惕乎
有淵懲焉不啻惡言之入于耳也推斯惡也而閑邪之功何所不力
並于旨明德之所昭人何所歡于善言而獨好之哉而禹以為吾
身善世宜民之用大抵多出于言也嘗攷芻蕘無不堪效其一得吾
明知其善也而棄之則天下且有共匿其善而不令吾知者而我又
將何以取之則機不可遏也禹也不聞言之出于可人而昌言之拜

淵乎有篤好焉何止如旨酒之適我口也推斯好也而存誠之功又
何所不至乎是知失德之事不必在多進德之端亦不在大日以此
二者交惕于中覺好惡之微動關學問而理欲之所以不淆且惡人
所不惡其惡乃真亦好人所共好而好彌永時以此二者互持其際
覺好惡之用自有性情而人禽之所以遂判此則禹之存心也此所
三一〇比〇亦〇精〇卓〇
以上接有虞氏之傳而下開湯文武之統者哉

空搭好惡說存心都是廓落話頭于題未有麗也〇實從旨酒善
言推勘好惡神理行文乃得細入　費與來

孟子曰禹　一節　沈廷藻

第二十二冊　卷六十五

福建張學院科　林龍樓　附

入同安一名

○○○禹惡旨酒　全章

即三王之事而歷紀之兼之者元聖也夫禹湯文武其事未易任也非周公孰能兼而得之乎嘗謂古今之道統非賢哲無以標其範非哲相無以成其謨誠以世數雖殊而心原自合也夫舜之後非禹乎禹之後非湯乎湯之後非文武與周公乎吾想其際禅讓與征伐異遭攬權與輔相殊分使無所以事于其先安望其有施于後使有不合于一時安望其推行于異日吾恐幾希之統其不至曠然淵絕者難矣乃為之歷稽三王見夫麯蘖不甘而昌言趋拜也禹之事有然見夫偏私不倚而帝臣不蔽也湯之事有然又

見大惠鮮懷保而虛心若谷褻玩不形而急忽捲絕也文之士與

二六宮号作頌撰出客周公有勢

武之事則又有然吾于此不禁為世道人心幸又不禁為世道

人心危也盖哲后繼起類皆神靈之首出苟有所未合而不便于

施行者喬[illegible]憂勤惕厲慮出萬全必不以闕畧貽後人之憾可知

也而世遠人湮未易徵音之克嗣彼事恒不合而措施之未當

不忍遺大投艱竟復何人其誰能承乎三聖之業而裕如也幸也

全章俱括筆力矯健

禹湯文武之後之賴有周公也意氣上下乎千古而度務揆幾俯

仰之際有餘思之事業希踪乎三代而制禮作樂旦晝之間無遺力

非周公事守入三王全局思牧求

觀其酒誥垂訓德音不瑕也公儼然一惡旨酒好善言之禹觀其

赤舄流徽吐握不煩也公儼然一執中立賢無方之湯覩其卜洛宅民而碩膚推遜負扆袛慎而規畫精詳也公又儼然一如傷未見不泄不忘之文武然則自禹以暨周公道統之相續不絕也詎非代有傳人哉

運化金題動中筋節視塡寔為工者有仙凡之別 原評

鼓鑄剪裁一歸典則文之可以立制者 兄伯年

三王周公前後文勢往復提掇過渡筋節都極自然尤愛其篇末一束穿插倍極玲瓏要其字字圓活非穿鑿可比 管聿脩

禹惡旨

禹惡旨酒而好善言

一歲考廣信府學一等一名　周弘勳

聖王存心以善植所惡而好孫矣。蓋物之所有所嗜者必非情之至惡旨酒而其好善言也。為嗜其禹之所以存幾希者如是。百家言爲尚矣。然彝性之德者也。乃昔孔子之稱之猶曰好問察邇言。此以知善量之無窮也。雖然難言好之矣。好之至者必將舉天下之情之易溺者而無以加之也。豈惟無得而加之。甚且若有不容並立之勢而後其好為君于下之至也。斯可以繼舜而與也。其惟禹乎。虞廷授受之際。詳哉心法之傳矣。禹也亦然于惟危之人心。而去之惟恐不力也。皇然于惟微之道心。而恭之惟恐有違也。精其辨于理欲天人之

德潤身縣

際而即一其守于日用飲食之、是故維舜而為存心之君子者為也亦即其好善言者相紹述也吾乃因其人想其輯事以推見其膺神意向之所存而其好善言也非泛然而好之也于其惡旨酒而得其好善言者為蔑加何則人情有其所獨至即有不容並存之物遂見憎焉此非其有所愛有所憎之不同情也蓋吾人惟一情之用而理欲有相角之勢入者私之出者絕之自然之情也而言好必先言惡者益不見其深有絕于彼未可許其深有得于此也彼其傾心下莘言而覺人世之可甘可悅者皆為不勝節爽之事亦猶人之傾心于旨酒而憎善言之為逸東太煩者耳人特既有所專及即有所兩

相交戰之處焉此不其有所愛有所惜之必不同情也蓋吾人寔有兩情之用以善其一情所至于若親之敵者攻之必然之勢也而亦

（黔旂而字）

惡似可不蕪言好而又將著其所好之寔有在而非徒為淡泊自甘者也彼先著其惡于旨酒以見其好善言者之為無以復加之事亦猶人之先惡夫善言而後可肆焉以其旨酒耳若是者何也彼其于斯理精微之處既已味之親切而業覺可其可悅者之在是也斯無復有可其可悅者也蓋天事既至者人事自淡況彼所謂可其可悅者而適有累于吾之所其所悅者也抑彼必于人世易動之端既已絕之過峻而後其無可非免之情自有所用之也而後以之悅之情亦

必極之于此也蓋嗜慾淺者天、自深况吾之所甚忻恍者之本不可與夜可甚可恍者較也此爲之所以爲存心之君子也交互雖非正如然亦見其不傍熟經而筆下亦極跌蕩可取也王宗師原評

文必貴闡發其理使題無遺義始爲至耳如必規守一定而曰某題應何格必不可易而更撫拾陳言補綴成篇且矜爲規撫先輩如是是可歎也况本題有一而字分明轉遞抹煞不得而豈作者好爲其奇哉人自不察也原評

高愿旹

孟子曰禹　一節　　　二名　邵起新

稽夏王之存心。好惡其大端矣。夫所惡所好。心之所由見端也。旨酒必惡。而善言是好。禹之繼舜而存心也。於此可觀矣。孟子意謂人心之存也。其始于好惡。而端乎好惡者。心之積而發焉者也。有不惡之必力。有不好之必誠。此可以觀心矣。然而聖人在上。其心之存存而不息者。雖小物之必飭。而葑菲之不遺。則莫如禹。夫禹繼舜之後。危精微一之傳。自此而續。帝升王降之會。自此而開。苟所惡所好之納于邪而弗軌乎正。天下有起而議主術之疎者矣。即所惡所好之謹于大而或忽于細。天下有進而窺主聽之閒者矣。而禹之憂勤惕厲正不能自已也嘗一徵之於所惡〻起于心之多所怫惡又成于心之有所懲有所怫于中而惡之惟恐其不力者有所懲于後而惡之愈恐其不嚴此固不嘗甘言之足以劉聽也即如旨酒一口體之奉耳禹若曰吾甘一旨酒而凡天下之與旨酒類者皆可甘也則吾絕一旨酒而凡天下之與旨酒類者皆當絕也而安得不用吾惡其在書曰罔迷亂于酒得此意也夫而吾又觀于其所好〻起于心之有所羨好又成于心之有所懼我羨其人而好之若自其口出者我慳其人而好之自不遺餘力此固不嘗芻豢之適以悅口也若夫善言特聽受之頃耳禹若曰吾棄一善言而人之自力于善者夫將

多此觀狀

因吾而沮也則吾好一善言而吾之自廸于善者夫且因言而進也而烏乎不用吾好其在書曰禹拜昌言即此意也夫志不弛于謹小慎微而情每殷于懸鞀設鐸天下雖大運以一人之小心而有餘以燕昵必飭者凛其操存即以從善如流者弘其俞愛好惡雖殊合之祇以見一心之惕厲禹之繼舜而為存之之君子也于所惡所好見之矣

開朗之氣謹密之心合來自成佳文　江星左

極力發揮好惡也故存之精神百倍紙上中有交互語頗落小家扶之以見大方家直不消此耳

孟子曰禹　一節　　二百四名　馬金泰

觀夏王之存心于好惡見其大端焉甚矣禹之存心亦何往而不存也即好惡二者思之其殆總舜之君子歟今夫理欲之辨介于危微而好善惡惡人心之大同也苟滿一可惡者而不知惡滿一可好者而不知好則危者愈危而微者愈微不可以云心之存矣吾觀古之聖王其于好惡之際無不有一至當者以寓乎其間千載而下不如見其心乎自舜而後則又有禹蓋舜之從容中道也非仁非義之事非不有所惡而含弘之量入焉而自忘可明可察之幾非不有所好力以有誤而靜正之衷油焉而自得則初何嘗有好惡也所存而不存也至禹

而人心道心之憂若更切矣閑邪存誠之力必更密矣近今思夫祇
台德先而凜凜焉嚴耆慾之防凡可惡者亦何所不惡而旨酒其一
端矣夫非必謂沉湎是戒有關于國家之大也以一物而害及國家
其機頗以一物而害及于性命其機微若惡之之心稍有未至而吾
之所以為存者毋乃溺情而易流乎故不獨旨酒弗御與以惡之之
事而中正無欲直與以惡之之心而推之卑服土階以克繼夫二帝
恭儉之化者皆此惡旨酒之類也而禹之存之者何如也思夫克艱
厥后而亹亹焉一慎修之志凡可好者亦何所不好而善言其最著
矣非必謂納誨是朕有當于民物之志也以一言而益于民者其事

重一言而有益于身心者其事尤不輕苟好之之心稍有未深吾之所以為存者毋乃滿假而自足乎故不獨鞀鐸是設見其好之之名而稽拜惟誠見其好之之實而推之求賢訪道以克繼夫二帝淵塞之風者皆此好善言之類也而禹之存之者何如也吾于是知禹之為天下慮焉自滌洞既平之後而天地之氣化日開不得不以細行之必矜者示好惡之正而斷世識理欲之大防吾于是知禹之為萬世慮焉當聲教既敷以後而運會之遷移日甚不敢不以一事之必審者明好惡之衡而後人知天人之必嚴而繼禹而存心者又可稽矣。

墨選程才集　順天

不作大禹功德頌只從好惡處推勘精意才見得存之之難才。憮得存之之統

孟子曰　馬金泰

禹惡旨酒

江蘇張宗師歲試 袁邦鼎
通州學一名

稽夏王之存心可觀于所惡焉夫酒惟其旨而心遂溺于所甘禹之惡之非其所以存心者乎且道心之微也常于危而益微則人

○緊○嚴○有○之○入○脉○天○然○移○投○不動

心之私乃降于禽獸要之氣禀嗜欲之性不可以為性也聖人于此有重防焉一今夫人莫不惡為禽獸也而其所以為禽獸者又未

○說○得○如○許○關○係○筆○力○亦○直○折○入○古○

嘗不為其所甘之而不已必溺之之者心去即甘而不溺而猶御之御之者心亦去物之嘗我者無窮而心之勝物者無主則是物至而人化物也誰能以此心歷乎嗜欲攻取之交而確然自守矣天理之正者乎吾于大禹之惡見之矣所惡維何厥惟旨酒嘉旨

適口君子藉以養和然胡不爲元酒之淡而必欲爲醴之濃吾恐其
釀自醖人早已釀之酖也尤物移人患在中智以下然或恃其德
之將而不禁其心之醉吾恐其進諸內宰不嘗進諸疢也凡人心
之迷惑近在日用者尤深酒常佚耳然日用而飲之忽嘗其旨而
情以怡則必日求其旨而心始快矣即不必沉湎于其中而此式
飲燕幾之心果猶是天命自度之心耶禹若曰吾惡夫旨酒御而
天命失也其屛勿御也抑人心之謬亂中于飲食者非細旨酒微
物所然無端而飲之一覺其旨而情不自禁則凡物皆求其旨而
欲將無厭矣即不必荒耽之可慎而此欣然卒爵之心不已爲欲

動情勝之心耶禹若曰吾惡夫旨酒進而人欲恣也其止勿陳也
蓋外誘絕而後真純克葆情之所安寔非性之所許也非敎然即
考括
厲于神明之地保無浸淫流失之虞心志定而後百體不淫心之
所苦不任口之所甘非乾乾惕厲於朝夕之間獨見謹小慎微之
意由是而知禹之存心至也大既儆于懷褻小亦嚴于杯酌近垂
收來源古
風戀之箴遠杜林池之禍所以任土九牧圖物遠方而筐篚色匭
咸載其志之惟貞恒彝不作酣歌不興而克儉克勤共仰王心之
無間也更觀其好善之誠禹之繼舜何慨焉
即小見大推勘心源方是危微真命脈何待點染抑詩鋪陳酒

諸○原評

輔氏謂惡旨酒則物欲不行即此一事所該甚廣可知漫撥柳詩酒誥正與存心章旨了不相入也排粗入細意味曲包讀之乃如醇醪之養性　芳三

禹惡旨　袁

禹惡旨酒　兩節　三名　夏之蓉

稽夏商之主、其存心者密矣、蓋禹湯固繼舜爲君子者也、觀其用惡用好與執中立賢、非皆得存心之要者乎、嘗稽古哲后而知禹湯之所以王也。祇台之德。紀於禹貢。一書聖敬。日躋。歆於商頌之什。以至九疇之錫、默契先天、人紀之修、垂裕後世、其載在典冊者亦綦詳矣、然吾不具論、其繼舜而存心者、禹之嗣興也、承二帝允執之訓、以之檢性、即以之治情、故惟一惟精、凜然判天人之介。湯之纘獻也、傳二帝聞知之統、以之宅心、即以之造士、故丕釐耿命、惕然求人政之宜、彼夫好惡者、存心之大關也、禹惟致謹於崇

筆勢甚猛

力昇此章議論

老

精工

正黜邪之地則雖一旨酒而不溺乎所甘一善言而不見為可棄（從全體中勘出）
人己者存心之大端也湯亦從飭於慮已接物之時故惟中是執
而偏畸悉化惟賢是立而資格不拘一情欲之潛滋也纖悉易隱而（超筆嶙峋）
小善輙遺聖人必為之防其漸焉是故麯蘗之微固人心所由伏
也惡之則危者安矣芻蕘之獻亦通心所由洽也好之則微者著
矣嗜味必期其盡淡薪菲不使之或遺固不獨遠儀之酒非卑之（圓活周密）
言為能謹身而慕善也彼所云惟幾惟康者即此意也哉一私曲之
宜屏也數政有經而遴才務廣聖人必為之權其通焉是故義制
事禮制心口之所由建也執之則大德懋貽矣德懋官功懋賞賢

之所由著也。立之則悉人是輔矣。執極既協于不偏。成格後在所（撇筆洒脫）不囿固不獨聖敬之昭。鳩房之薦。爲能守巳而進賢也。彼所云經德秉哲者。其此謂也哉。是則有禹之防檢。而好惡胥得其平。一以逆制。一以順受。但清吾存發之本心。即可以爲立政官人之要。有（直筆）湯之化裁。而人已胥得其當。持之以正。濟之以公。總協乎經權以定制。亦寧皇有理消欲長之時。敵在當日論其功德。則塗山玉帛（擲地作金石聲）下國共球。共仰兩朝之赫濯。而在今日考其存心。則不伐不矜不洊不殖。更聯二聖之心傳。此所以紹有虞之休。而得以優入聖人之域也。

癸丑會墨選　孟子

陳淮存心立論。掃除一切門面鋪張語。談理之文入細為難。此

能為其難者。劉敵逸

遒勁峭拔。力厚思沉。起衰式靡。端賴此種。

爲憲齋　夏

禹惡旨酒 章 癸未 徐用錫

歷舉群聖之事、總虞帝而存之者也、夫禹湯文武周公、道統所屬也、各舉其存之之事與舜何殊乎、若謂大道之在天下、無古今一也、世非唐虞而人道之極未嘗一日而不立、則聖人之心之所維持者所由來遠矣、夫道法自虞舜而闡而心學則愈著也、不易故精一之傳乃三代之所同而夏湯之懷亦既事而可見、繼舜者其禹乎、旨酒惡焉、書言好焉、是人欲而存天理、夏王之事有如此者、繼禹者其湯乎、其乎中也、執焉、立賢也、則無方焉、大總達而勤旁求、商王之事有如此、亦至于兩世而得大統之集、一家而觀作述之際、其視只如一人也

無一字不穩貼

忘于周也。其望道未見也。昭事運也。其邇不泄也。篤於欲之甘。不忘之純于誠也。文王武王之事。有如此者。周公於是兼而施之。其來合者。繼營于時勢之變。而無間于日夜之思。其有得者。會通乎義理之。同而欲行于待旦之遠。索行諸其勞。設勤而成文武之德。抑且官禮大備。參考而會禹湯之神。是則無不同也。而不敢自己之學。無不同位。不同也。而不敢即本之心。無不同。人之所以興而廢民之所以去者。不久于此乎存之也哉。

簡徑大衍先輩筆法　安溪先生

經經緯史。合組英華。用字字稱量而出。度法淡遠。一如題所自有此

可以伯仲瞿唐矣。蔣騰峴

琢鍊高犖，步趨不失分寸，而神采四射。

禹惡旨

禹惡旨酒而好善言 乙酉擬墨　徐用錫

夏王之所以存天理者、於好惡見之矣、夫旨酒人之所昵、而善言人之所置、禹之好惡、不有以存天理之正乎、孟子若謂心統性情者也、〇雅〇馴〇自情易蕩而性易溺、引之遂去、感而弗通、而心之存焉者寡矣、繇鄰而存之者、其惟禹乎、想其敬修之要、莫切于身心、惟聖人必先嚴於理欲之交、而其祇承之真、實體諸日用、雖聖人詎敢忽於口耳之故、〇典雅〇領起〇挑〇剔〇甚〇確〇言有酒也、豈非人之所需者、若之何其以旨著也、人旨之、禹豈得不旨之、〇輕〇圓〇惟其旨之所以惡之也、蹂其人弗使我侵、斥其物弗使我誘、惡〇串〇一〇片〇玲〇瓏〇〇餘〇波〇綺〇麗〇言之加不是過矣、繼以致決、而盛之端遂絕、蓋至甘酒有歌、亦矣

徐壇長稿

品○合

禹之垂訓深矣顧眷者不當如〻耶言有言也豈非人所時聞者歟何幸而以善進也禹善之人亦孰不知善之人從善之禹乃好之也

自然○化○妙　雲○從容

拜其人若為我有愈其詞不啻口出甘醴之投不是過矣複而不厭

天○然

而秉懿之良無間蓋至適人有戒而知禹之明德遠矣謙受者不當

然○一○字〻不○精○湛

如是耶豈其周防乎人心者至密故逆其情以復其性而有欲以持之〻嚴維護其道心者甚純故順其性以達其情而有誠以通之〻妙尚之存幾希者如此其無間然矣乎

樸茂。禹湯文武周公皆可以誠敬說得二字之妙如此　安溪先生

取材於經範意於注精緻而溫醇程世名文也　吳令樹

用意曲至處經營獨細而詞亦警鍊

禹惡旨

禹惡旨酒而好善言

徐用錫

夏王之所以存天理者于好惡見之矣夫旨酒人之所昵而善言人之所置禹之好惡不有以存天理之一近乎孟子若謂心統性情者也自情易蕩而性易漓引之逐去感而動通而心之存焉者寡矣然舜而存之者其惟禹乎想其欲修之要莫切于身心惟聖人必先嚴于理欲之交而其祇承之矣寔體諸身而雖聖人誰敢忽于口耳之欲言旨酒也豈非人之所需者若之何其以旨著也人旨之禹豈得不旨之蓋其旨之所以惡之也味其人弗使我侈其物弗使我誘惡言之加不是過矣健以致決而之端遂絕蓋至于酒有歌而知

禹之垂訓深矣顧叅若不留如

言有言也豈非人所時聞者茲

何幸而以善進也禹善之人亦孰不知善之人徒善之禹乃好之也

拜其人若為我俞其詞不啻口出甘醴之投不是過矣樸而不厭

而秉懿之良無間於至道人有戒而知禹之明德遠矣讓受者不啻

如是聖人其周防于人心者至密故遂其情以復其性而有敬以持

以至歷經護其道心者甚純故順其性以遂其情而有誠以涵之

然禹之存發者著如此其無間然矣乎

樸實禹湯文武周公皆可以誠敬說得二字之妙如此

李安溪先生

用意曲至而詞旨纖鍊醇大

理語分配精瑩詮文融成議論功深力足視歸熙甫作猶有虛冗之嫌矣。

禹惡旨　徐

第二十二冊 卷六十六

孟子曰禹　節　　高荊襄先生程文　高玢

載觀夏王即好惡不能窺其間焉、夫惡與好不足以槩禹、旨酒善言、不足以槩禹之好惡、而心之無間者在焉、君子哉禹也、孟子若謂、此民有情而聖人無情、非無情也、極天下之至美而不足以動其情、則謂之無情之聖人可也、然凡民無情而聖人有情、非有情也、任天下之一得而皆足以繫其情、則謂之有情之聖人可也、吾待之禹矣、稱禹功者在生民之粒食、誦禹謨者在帝廷之颺拜、其生平卓卓者學士大夫能言之、吾不具論、論其遺事、則惡旨酒其一也、艱鮮方告之時、天下安得多旨、即酒而旨要皆分稼穡之餘也、亦好之耳矣、而禹

（緊、能新）（緊、合妙）

不弟不好之矣則好善言其一也加言攸伏之際天下豈必多善即
言而善安得進都俞之緒也不惡則已矣而禹不但不惡之矣奉觴
古旨錯落　二程
而進曰帝飲斯而勿飲也曰微我無酒弗善此爾旨酒自旨禹不知
其旨也懸鞀而招曰言者進而非徒進也曰朕味其言勝于酒矣善
無几善禹偏覺其善也酒可醉心不能醉禹之心而禹正恐其醉予
心也夫聖天子優游清晏玩好百無所御豈以樽罍之怡情而覺等
諸酖毒禹似不必過為介介而猶為此介介也豈其別有旨者在耶
言可沃心未足沃禹之心而禹正取其沃予心也夫聖天子虞謨淵
通政治有無所關豈以芻蕘之常談而直比于藥石耶似無庸過為

旋旋而循若是旋旋也豈其先有善存耶雖禹之意不在酒而遇
旨酒則惡旨酒矣惡因旨酒而生惡不于旨酒而滯也雖禹之意併
不在言而遇善言則好善言矣言之善因好而留而善之好不隨言
而盡也酒與言有紛投有善者好之惡者惡之祇覺酒之味少而言（深雋）
之味多惡與好無所念自酒也有惡言也有好遂令惡去其損而好
收其益蓋其潔清之志氣既為一私之所不入而其廣大之性量遂
為萬理之所畢投禹之憂勤惕厲如此

上下纓帶攸有情致其味深長咀之愈出

第二十二冊　卷六十六

禹惡旨酒而好善言

涂元相

徵存心於憂王、好惡有交暢者焉、夫好惡本諸心、惡旨酒而好善言、則心之用正矣、禹其總舜而爲存之之君子哉、且人莫不同此一心、凡人任其情而顛倒以出者、聖人則制乎情而兢業愈深、此其存遏之密所爲上、紹乎帝廷之傳、而下啟乎百王之運、莫不由此也、吾言存之之君子、大舜而後、蓋又在於禹矣、其本原之澄澈裕諸心思志慮之微者、早有以全其清明之氣而凜乎天錫之疇、渾渾穆穆、美在其中、天下幾莫測其克儉克勤之素、故其夙夜之檢攝見諸起居燕息之間者、務有以外絕乎匪戕之貢而內嚴其

清剛之氣拔俗千尋

以流行無

以對時

辛卯江西

翁受之夫翼翼嚴嚴動罔不勅天下乃共仰其戰兢乾惕之心一吾
見其於旨酒也則惡焉九土既奠以後萬方之玉食俱來酒以成
禮夫豈必遠儕於沉湎而禹以為片念偶軼即縱欲敗度從此而（深透）
滋旨酒即人心之危也嘗觀禹貢所載矣海錯供天子之嗜蠙珠（妙義雲展）
獲土物之奇而未聞及乎酒知禹之防閑獨至直使當日之百官（讀書滿閣論古有識）
萬民肅然咸仰神明之宇而洗爵奠斝無敢上達於堂陛也而豈
其觀我朶頤以嗜欲清吾淡定之守欲其於善言也則好焉洛書
出地之年雨開之義蘊啓闡言以載道夫豈必更詢於錫貺而禹
以為一得未集即嘉言攸伏無踰於是善言即道心之微也嘗讀

禹謨所記矣昌言拜於伯益遜矣拜於皐陶而揚以颺乃言知禹
之採納獨宏即在當日之衢歌賡咏淵然若有至理之存而薄識
（許見）
覺禹聞不畢受於聖聰也而豈其畢無高論以滿假而失謙益之
（熟精經典贍華使來樹堅）
休欲且好惡之為用恒貴各滿其量損為德之修而損之至於無
（都是）
不損則寡欲乃以養心益為德之裕而益之至於無遺蘊則多聞
（一氣滿法）
即以蓄德觀於甘酒是飲恫戒垂諸子孫貽鐸是懸遺範留於奕
禩則即好惡之本量已覘乎除惡務盡樹德務滋之心好惡之為
（非以我用經自來就）
用每能合著其功情不容以兼營無然歆羨斯無然畔援閑邪即
為存誠之本念必有所專注彼則取新斯革能去故內定更無外

誘之牽治至飲食可菲後世不滋遺議勤而不德後賢嘆諸樂章則合好惡而交嚴畢昭其澹泊寧靜集思廣益之學是則質雖懸於生安而厥中可傳承虞氏之統而無疚功時惕於寸陰而殷教四訖闡百王之運而獨隆禹之繼舜而為存之君子者如此直如成誦在胸借書于手者蓬蓬勃勃自在流出工夫至此乃克寔光輝美大並臻之候

孫咸三

禹惡旨　涂

[孟子曰]禹惡旨酒而好善言（孟子）　孫馨祖

禹惡旨酒而好善言　　孫馨祖

觀夏王好惡之誠即酒與言可類推矣夫旨酒必惡則近于旨酒者可知善言而好則近于善言者可知禹之好惡如是非繼舜而為存之之君子哉且前王競業之心慎持于理欲存亡之介者所閑甚鉅而其幾甚密則舉其一二見端之處而全體之兢業貽焉心無欲之能雖則嘗吾心者必嚴心無理之不容則益吾心者必受夫乃嘆明德之遠也存之之君子自舜而後道在禹矣以禹躬秉四載而山川刊奠較之舜似更覺其勤而惟勤克儉則其絕物欲以保天真者直將以九重菲食承飯糗茹草之風以禹經畫九

領起大意然後紛披

辛卯江西

州而府事修和較之舜似更著其績而底績以言則其擴王功以參帝德者直欲以朝野嘉謨繼明月達聰之盛蓋心之所存而好惡形矣所惡云何則旨酒為夫惡旨從以旨酒起哉魑魅之怪目燭其奸龍蛇之災于史其難閱歷深而世故倍熟舉天下之情形畢照之于重明之内而見夫酒之以旨名也其溺人也甚柔其禍人也則甚烈焉之惡之蓋其慮遠矣後日者太康失德而甘酒徽五子之歌羲和廢官而荒酒致六師之討禹早有以洞悉其弊而以惡之者深為戒也又況自旨酒推之凡罔遊逸罔淫樂者皆當作旨酒觀也所好云何則善言為夫好帝惟于善言止哉河洛之

妙對

興來逸氣如濤湧

語如鐵鑄

推波助瀾微引其切

精上瀆其數山海之志遠訂其經搜羅廣而道體益恢舉天下之
義蘊悉歸之于禽受之中而見夫言之以善著也其授人也易獻
其益人也則無窮禹之好之蓋其量宏矣當日者干羽既舞而臣
壯采濃文
儆方陳九德之謨鞀鐸同懸而祗庶亦助五聲之政禹皆有以採
納其精而以好之者廣為招也又況自善言推之凡不矜伐不滿
假者皆可作善言觀也夫其旨酒與善言也酒一事言又一事自
精闢
二事也然是二事者則又併念而存嗜慾未清安望天心之可見
本原既澈猶恐物累之來侵蓋不欲以易好易惡之念混吾于當
好當惡之事也則酒與言方不勝其交戰也抑其惡旨酒而好善

言也惡一心好亦一心揔一心也然是一心者則又分途以往人（轉順更警）欲接而輙拒痛絶者已無餘地以相容善端感而遂通慕悅者更（直如飈發泉流一氣滾出此豈可以外爲者）無餘地以相奪蓋不欲以真好真惡之心參吾于或好或惡之途也則好與惡自一秉於大公也蓋無欲故靜靜則萬物不能淆而有主則虛虛則兩端有可執夫旨酒善言亦其顯爲者也

前分後揔力大氣充熊熊旦旦光燄萬丈此種文乃有目共見之作要只于題境展拓得開題蘊搜剔得出遂成傑構 吳青于

禹惡旨 孫

禹惡旨酒　　曹澤咸

觀夏王之所惡，危其幾也。夫旨酒之漸不可長也，禹有惡焉，其袪心不可見哉。昔舜命禹以天下，而首誡人心之危，非迂也。澆風未遠，雖不患慆淫之縱，洞洚初平，或未免嗜欲之紛，苟不克謹小慎微，精一何以稱焉。大禹祇承於帝，其他戒逸樂而儆怠荒者不具論，特傳有儀狄作酒，非不甚旨也，禹則疏而絕之，此其軼事足稱已。惟聖人備中和之德（清秀），而百物亦胥媚其蘊，以協時雍，則旨酒之興，肇開自夏，固不啻醴泉甘露，特為間出之精英；作元后盡土壤之宜，而遐方亦且珍其品以充君膳，則旨酒之陳，爰造自瞿，亦猶之厥包橘柚，耤作媚

九峰樓課義

九峰讀課義
茲之忠悃此在恒情宜亦可喜而非可懼可御而非可却者矣乃垂
則遠之惟恐不速何哉孝享自有常制而元酒明水由來尚矣乃款
一語勝人千百
有酒而復濟以旨無論威儀之易忒也淡不勝濃蕩人心焉雖將立
之監佐之史而當幾之縱佚者且實甚矣飲食亦有常性而汙罇杯
飲安之素矣乃益以旨而且不勝酒無論言語之易放也甘則易溺
忘人事焉雖欲經其德秉其哲而當務之廢弛者又實甚矣神禹惡
之良有以也況五穀之種將厚其生則黍稷重穋甫克奏功粒於艱
食之餘而不謂漉風醞釀於湛然無有之中已潛收夫地力之寶五
鍊金成液
味之和貴存其本即醯醢鹽梅猶為調和羹于平心之際而群若醇

醪引人以沐禹彌承之欽直陰賊夫皇降之真則四海於此困天祿於此終當務者蓋宜時勤吁咈矣而旨即為美疚之疾惡即為懋之瘳當幾者能無力辨危微哉此禹之所以存心也

避熱取冷避脆取堅文品高絕揚顯仙

金筋五骨畫純陽劉東鄉

雅鍊凝秀絕肖京山曾叟儲六雅

禹惡旨

曹

九峰樓課義

禹惡旨酒　四節　盛度

聖人総存之之統，而各得其心之所至焉，夫禹湯文武之心，何可以一二端盡也，然而心之所存，各有其至者，不可于此而見道統之攸屬乎，嘗謂帝王安勉之說，未可以定聖人也，要當觀聖人用心之所存，則夫統王之道，其從憂勤惕厲中来者，正不徒恃其安而謂古帝爲不可及也，総舜而王者，不有禹乎，禹當総治之天下，固非若後世之君創業維艱，不勝天時人事之懼，而況二帝之心傳言猶昨也，想禹也惟危惟微之辨晰之明，而持之久，何所惡之非惡，何所好之非善，而旨酒與言之兢兢欲然，而惡之所禀與好之所切，皆人心不絕之幾也，使一端之偶軼，其所爲旨者日進，而善者日退矣，旨酒善言

看統王二字恰是題之界限

有得下

法其少

特其寄耳繼禹而王者不有湯乎湯當承治之天下用不同際古之代維容後受衡有次制易度之繁然而帝廷之心法應可接也想湯也一德一心之日君為徽而臣為戒何有中之不用何有賢之不庸而尚執與無方之旨於然而政之免中與賢之無遺皆此心能操之端也使一節之未宜其所為中者非中而賢者非賢矣執與無方

作一銀東極具所備法工穩

亦偶然耳此殷商之所以王也至我周而治法監乎前王道法逆乎吾意非所推文王武王乎文王開一代之王業者也天作高山以後篤先文王為最奇六州則歸心也道岸則先登也然而文王之心則

前後五相

恐恐焉民雖安而猶以為未安道雖至而猶以為未至不依然下車

紫緯情致兼勝

之泣顧諟之勤於推此心也何所往而不加惕矣武王成一代之王

業者也永清大定之朝維我武至能執競内外無弗宜也大小無弗治也然而武王之心則勤勤焉雖至邇不以為邇而忽之雖至遠不以為遠而遺之不猶然祗台之德日躋之心欤雖此心也何所在而不加棄矣此王者之存心所以繼舜而立君道之極乎而後之君子人可得而言矣

數出總舜存心以結

鈞勒擺時賢之長正大軌先民之範以式浮靡大雅可作朱履癸

各比中俱用虛落之筆推廣大凡不執煞一件事說極合程註之意 朱洪祭

處處綰定聆心本旨前後映帶生情中作單筆鎖卸應機赴竅法密神開英雄入彀之技

禹惡旨酒　二節　　雍正癸丑會試　許　集

大賢列存心之統徵諸夏商之聖焉夫禹之所惡所好湯之執中立賢皆存其心者也不可約舉之而識其統哉孟子謂吾嘗歷叙道統而溯自堯舜以來禹則其見知者也湯則其聞知者也夫斯道必有所託故時勢有遠近而紹述無異同而幾希各有所存故先後無二揆而心源如一槩凡夫性情之所見行事之所著俱得然略言之而識其存心之要焉則試觀之於禹歷八年而奏平成帝治之光昭爰纘承於禹甸禹之近繼乎舜者本是而其繼舜以存其心者不在是也夫存心之學不徵諸事功之著而徵諸性情之一而性情之可窺

（籠題高渾）

五科墨存

者則在於用惡用好之介焉也於旨酒則惡之[illegible]早者勝可惡
即飲食亦可永沉乎沉酒之界懼尤其所深絕也而於善言則好之
誤旌以示懸鐸以招拜嘉以受不必皋益之陳謨始為所樂聞也
二貫排扶頭實
夫危莫危於人心之相離焉惟去之者淨故惡之者嚴而嗜慾攻取
皆絕其緣焉微莫微於道心之中藏焉惟設之輒應故好之彌篤而
三層東短排
嘉謨碩論知逢其故焉甘酒與嗜音並戒勦堯與聖訓齊觀以所惡
五下排
者防微而杜漸則讒愛之志益堅以所好者端本而澄源則紛華之
却愈遠矣禹之存其心者有如此又試觀之於湯綏萬邦而布聖武
夏王之遺緒聿煥新於亳都湯之紹夫禹者在是而其紐禹以存

其心者不在是也。夫存心之實不見，之曆數之端，而觀諸行事之迹，

而行事之尤大者，莫如立政用人之間。湯也所執則惟中焉，顧說以

握其原曰新以裕其理，表正以彰其實，非徒克寬克仁、見無過不及

之準也。立賢則無方焉，簡在以重其事，克知以博其途，敷求以盡其

類，不徒二宅三俊、見呈著爲師之念也。夫惟精惟一者，帝臣之授受

湯不欲使允執之統自我而微，故建中以協用中之極焉；明目達聰

者，帝世之官人，湯不欲使闢門之典自我而隳，故以用人繼從人之

盛焉。制以禮義，不智勇俱統，實其蒐羅而忠良盡顯，以所執者端立

賢之亦，自不至固於偏見而奪於私心，以所立

執中之治自皆

五科墨存

出於一心而底於一德矣惕之存其心者有如此爲之約在於是矣

而大股菲實發揮一脈中藏八股先輩真實力量首作及此作格局俱與元同首作句遒此作堅老殆欲過之

禹惡旨酒 全章 傅光遇

歷叙三代之存心，以相道集君道之成也。夫禹湯文武，事不一而心則同，至于周公而兼之，施之其憂勤惕厲，不更艱哉！吾于昔日中天之會，從容以中道尚矣。王者之事，縝勤而心彌下，視帝有倍艱焉。若至于相而愈厲矣。然而聖人之心日益凛，聖人之功日益弘。歷稽三代，可放而知也。禹之興也，功在天地，德在民生，豈尚有非幾之介，而資人之慕乎？然而禹之心彌慎也。疎儀狄而絶旨酒，懸鞀鐸而拜昌言，惟恐偶即于深，或遺于善。夏后有道之長，繇其留貽者遠也。然且數百年而有殷奠之事。湯起而繼禹服焉。執中者，人所祇承于上帝者也。湯存之而弗失，而且與當世之碩德共勉于一朝，于是簡帝臣

而聘莘野遂為一代立賢之法相傳以為無方云云謂後世猶有簡
賢附勢者亦周室之資是周之興也文王創起于西陲三分有二
而文之以猶懸然憂也視民痛其如燬是道艱于誕登其乎其不
敷康馭武王光天于先獻書定永清而武王之心猶惕然處也迹
暨豳有必謹遠之要荒亦勿遠然乎其不敢忽也此周之所以
德夏商而有三天下之號也三王之事彰矣如是承其後者豈不難哉
以當恐懼之日而欲兼三王之道施四海之業莫無時移勢殊
而不合者乎公以為今日之不合于三王者事也而無不可以求合
于一王者心也于是以憂勤之心精而為思之未得朝乾夕惕之
進思之有得宵衣待旦之孜孜公之心倍勤于三王之心公之衷

成于三王之事矣迄于今稱周公之功而頌禹湯文武之德不衰

則以公存心如此總公而興者抑又難矣

循題而行整散續密段落或斷或續或來或放或分或合無不自

然中節人以為摹古吾意其古不在貌而在神介眉

或嫌其太甚刻入不知句句雕鏤亦恐傷氣合章題固與一二句

題体格不同也○其佳處全在氣味古雅求之才情魄力粗則

失之矣　嵩梅

禹惡

傳

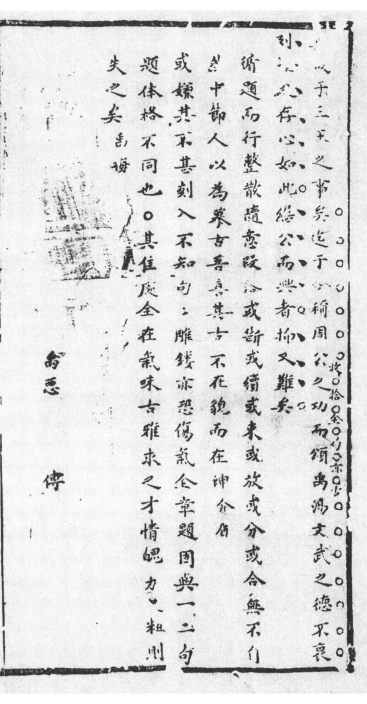

孟子曰禹　一節

一名　張南齡

稽存心于夏王、可即惡與好以徵之矣、夫禹之心、無往而不存、而于旨酒則惡之、于善言則好之、非一二事之可徵者乎、且夫人莫不有心而心之好惡形焉、是好惡者人心存亡之一大機也、故繼虞帝而存心者可徵之于所惡、亦可徵之于所好、則禹是已、禹之所惡原爲人之所當惡而人每以不能惡而心遂放、禹之所好原爲人之所當好而人多以不能好而心遂驕、而禹不然也、不嘗聞其惡旨酒乎、旨酒造于儀狄、前此未之有也、禹則曰何以當吾世而開此嗜慾之漸乎、其疏儀狄也、絕旨酒也、其爲後世慮者惡何嚴也、不又聞其好善

（不提禹却說好惡見禹聖各有用心處淡淨至辭高）

（微老筆）

（質朴是先輩）

言乎嘉言納于益稷盈廷所共聞也禹則曰何幸當吾世而獲此都俞之休乎其進益稷也拜善言也其爲治道計者好何懇也自有此惡而凡禹之兢兢于去欲者其無在不慎可知也以紹二帝之傳其惕厲何有已哉自有此好而凡禹之孜孜于存理者其無有不篤可知也以開後王之統其憂勤又豈有間哉是則以所惡者全所好而天不雜乎人以所好者嚴所惡而情不擾于性禹之存遏如此總禹之後者厥惟湯矣

芟擗濃惡清真自生使題之肯綮無些子縣閃得過言短而意彌長惡旨酒是極細事好善言是極大事然存理遏欲畧盡于此

矣原不過借以見聖人好惡之嚴正如此舉一例餘元作能得其

微○好善言猶是天理之常惡而至于旨酒則一毫人欲不得雜

矣孟乎善形容聖人憂勤惕厲存之〻心稍一分粗便失其妙文

只是細心切題

孟子曰　　張南齡

明清科考墨卷集

第二十二冊　卷六十六

孟子曰禹　一節　張鵬翮

舉惡與好之大端、夏王之存心可見矣、蓋旨酒善言、不足以盡好惡、而好惡要不外旨酒善言之類也、以是觀焉、其存發亦也何如、且精一危微之訓、肇於虞廷、而人心道心之辨嚴焉、殉乎人心者、廢民之所以縱其情也、棄乎道心者、君子之所以養其性也、其時聖王存理遏欲之道、亦何在不形、而要歸衆之、而可槪焉、自舜而後、吾又以觀諸禹、盛德不盡為謨典所傳、儀狄之疏、昌言之拜、斯其最著者也、即兩者以思其好惡、禹之為禹可知矣、聖功不外乎幽獨、所甚惡〻雖謙好善、能擊尤其立本者也、舉兩者而絜諸旨酒善言、禹之所存又

可知矣人情每忽於其微而惟聖人之心則以微而愈謹思慮之道（兩字精之）
積厥躬眞有沉涵之處哉且片詞一節之足稱者曾何當于高深（蓋數本題緊勘不移作推開語然義）
然而其意自有所不容已焉中之所以正恐一事而足以導吾慾也（分不放鬆處）
中之旅若正恐一旦而足以慝吾誠也戚懼系而好惡自彰誠有無
微之暫斷者矣而鉅焉者何論也人情每淪于所習而惟聖人之心
則以習而尤嚴思慮之學為人上何日無口腹之奉哉至嘉謨懿訓
之精隱者貴盡出于幽闇然而其中苟有所懸然動焉意所恆覩正
恐其久而溺于不自知也意所積漸正恐其漸而忽於不及覺也省
察亦而好惡自嚴誠有日習而愈慄者矣而患焉者又何論也蓋情

相誘者都之不力則其乘我無端情易惑者向之未專則其所遺日甚禹若以旨酒善言立之則焉會毋不充其好惡之量絕之于彼而無以引之於此則其情之用未得所歸知有可慕而不必知有所懲則其情之施猶難自一禹惟于旨酒善言有交治焉更無或偏于好惡之私一此禹之行事所為足存幾希之統也而繼起者又可言矣

（此用互勘題無剩義）

純用攄發思力甚大更不着一駢詞儷華好惡二字須從旨酒善言內洗剔方見精義雖聖人全體不盡於是然亦正見謹小慎微處若正面未透遽作推開說去是欲于題外求深不知早已拋卻題面矣。　賈巽來

孟子曰禹惡　一節　張鵬翮

擧惡與好之大端夏王之存心可見也蓋旨酒善言不足以盡好惡而好惡要不外旨酒善言之類也以是觀禹其存幾希也何如且精一危微之訓肇于虞廷而人心道心之辨嚴焉猶乎人心所限民之所以全其性也凜乎道心者君子之所以正其情也故聖王存理遏欲之密無在不形而要節舉之而可概焉自舜而後吾天以覲諸禹武德不盡為謨典所傳儀狄之疏旨言之拜斯其最著者也即兩者以思其好惡焉之為禹可知矣聖功不外乎幽獨所甚惡惡維誠好善能[illegible]尤其王代者也舉兩者而統諸旨酒

言禹之所存又可知矣。情每急于其微而惟聖人之心則
而愈謹思禹之道積厥功豈真有沉湎之虞哉且片詞一節之足
術者曾何嘗于高深然而其意自有所不容已焉中之所甘亦□
一嘗而足以樂吾慾也中之所著正慾一旦而足以息吾誠慾
快然而好惡何彰誠有無微之漸斷者矣而鉅焉者何論已人情
每溺于所習而惟聖人之心則以習而尤蹙思禹之身為人上何
目無口腹之奉哉至嘉謨懿訓之時陳者豈盡出于淵闕然而其
中卑有所懸然動焉意所恆親正慾其久而溺于不自知也意所
恆疎不慝其久而忽于不自覺也惕厲深而好惡自動誠奮

而欲勝者矣而甚焉者又何論已蓋情相誘者卻之不力則其求
或無端情易惹者向之未專則其所遺日甚焉者以旨酒善言
又用推擴
又示人至
之則焉自無不究其好惡之量絕之于彼而無以引之于此則其
情之用未得所歸知有可慕而不必知有所懲則其情之施既窮
自一禹惟于旨酒善言有交治焉更無或偏于好惡之私在已者
發上兩句十字
之聖因其旨而惡生因其善而好生不必頃談一可否之忠而自
從下兩句上去
得夫情之各當在學聖之人觀其惡而知所旨之未可耽觀其好
而知所善之未可忍不妨恒存一畏愛之衷而自得其用之咸宜
此禹之行事所為足存几希也而繼起者又可言矣

增補程墨質疑

增補郷墨質疑　二作

論禹之本量。自不止於惡此二者。然人于旨即惡。而于酒則。之。人丁。善。即。好。而。于。言。偶。忽之。至細。至小。却。至精。至誰。于此才。將。通。更無。打。不。通。者。此。篇。俱。欲。于。二事。推。出。去。此。更。于。二。節。收。人。來。末補全体。却亦來帶不試括。是此題不判之作。

然雲

孟子曰禹惡

禹惡旨酒 二節

雍正癸丑會試 陳 倓 一名

及尚有存心之君、紹統於虞夏矣、禹也湯也皆存之之君子也、各肇其盛而全亂著焉、謂非繼舜而興者哉、孟子若曰、天理與人欲不並域而居、而敎錫與旁求每相資、而理古之聖王憂勤惕厲務全其固有之良、而情之所嗜、取舍有不易之經、用之所施、變遷無膠固之迹、試爲之考其行事、則君道之立、隆者即聖學之懋著也、幾希之理、存之者豈惟舜乎、夏商以來、蓋亦有之、不觀之禹乎、文命敷於四海、聲教訖於四方、其成功之無遠弗屆者、莫非祗台之德所自形也、然而禹有深焉者矣、功非謹於天人消長之機、則學未得其性情嗜好之正甚在聖人之用心豈尚有慄紛華棄道德之旨底物有百日而意猶覺紛志多有所受而情不必甚摯猶無沉溺之憂而危者恐無以得其安也縱有鞀鐸之懸而儆者恐無以致其著也而禹不然也於旨酒則惡之以定而物不能移豐熙安於後世也於善言則好之心藏而體亦以咸來賡贊於一廷也蓋飫吾口者懼其累吾心而集乎益者以成乎德故飲食之微如德從違之戒嘉謨之告若懷屬餐之思而且以清心寡欲者專其聞善則拜之誠而且以舍己從人者蔬其淡泊寡營之素由是道心常充而人心退聽帝廷允執之義不自禹而始其緒哉不觀之湯乎單以本於天錫寬仁彰於兆民其

大業之武惟懷者莫非聖敬之[illegible]所由著也然而湯有精焉者矣
治家邦乎敷政官人之則斯心未泯夫競緣偏黨之私其在聖人之
行事豈尚有作好惡遺賢才之失顧成見未融而不必衷諸至當質
格是識而不必原於至公雖勳猷之燦著而不邇不殖之衷尚難協
於一也雖從考之盈廷而用人惟己之意尚恐漸於溢也而湯不然
也立政務執乎中斯之者精義制事而禮制心也立賢不限以方求
之者廣德懋官功懋賞也蓋有純政者斯以有純心而廣旁求者
亦以修主繼獻偏倚不設存乎聿求元聖之先延攬靡遺莫非建中
於民之心而且以翊助為理者被表正之化於九圍而且以因時制

宜者取慈招之勢於一德由是纖私不雜而聖燾乃冞推精惟一之學不類彡而不宜傳也哉此真商存心之君子也迨觀我周而其事又有可稽者矣

寫上節易落浮淺迺次節多尚鋪張於君子存之甲裏正自陽在元作體貼入細剝膚存液堅緻密栗遜焉寡儔

禹惡旨酒而好善言湯執中立賢無方　一名　陳倓

夏商有存心之君紹統於虞帝矣夫禹也湯也皆存之之君子也各舉其盛而全體著焉謂非繼舜而興者哉孟子若曰天理與人欲不並域而居而敷錫與旁求每相資而理古之聖王憂勤惕厲務全其固有之良而情之所發取舍有不易之經用之所施變通無膠固之迹試為之考其行事而君道之立隆者即聖學之懋著也幾希之理存之者豈惟舜乎夏商以來蓋亦有之不觀之禹乎文命敷於四海聲教訖於萬方其成功之無遠弗屆者莫非祇台之德所自彰也然而禹有深焉者矣功非謹於天人消長之機則

學未得其性情嗜好之正其在聖人之用心豈尚有悅紛華棄道
德之念顧物有可甘而意猶覺難忘外有所受而情不必甚摯戀
韻得入細方切而聖人身分
無沉溺之憂而危者恐無以得其安也縱有鞀鐸之懸而微者恐
無以致其著也而禹不然也於旨酒則惡之性定而物不能移譬
燕安於後世也於善言則好之心藏而體亦為屈來龔贊於一廷
合了歸到有心上方不脫宗旨
也蓋飫吾口者懼其累吾心而集乎盛者乃以成乎德故飲食之
微如凜從道之戒嘉謨之告若懷屬饜之思而且以清心寡欲者
專其聞善則拜之誠而且以舍己從人者葆其淡泊寡營之素由
是道心常充而人心退聽帝廷允執之義不自禹而紹其緒哉不

觀之湯乎智勇本於天錫寬仁彰於兆民其大業之萬邦惟懷者
莫非聖敬之實所由著也然而湯有精焉者矣治未協乎敷政官
人之則斯心未泯夫競緣偏黨之私其在聖人之行事豈尚有作
好惡遺賢才之失顧成見未融而不必衆諸至當資格是域而不
必原於至公雖勳猷之爍著而不邇不殖之衆尚難協於一也雖
俊彥之盈廷而用人惟已之意尚恐隣於隘也而湯不然也立政
務執乎中祈之者精義制事而禮制心也立賢不限以方求之者
廣德懋官而功懋賞也蓋有純政者斯以有純心而廣旁求者亦
以隆主極於偏倚不設存乎聿求元聖之先延攬靡遺莫非建中

亦是作進一步說方不以餘意補正意

於民之治而日以相助為理者被表正之化於九圍而日以因時制宜者取懋昭之勲於一德由是纖私不雜而性體昭明惟精雖一之學不顯湯而永其傳也哉此夏商存心之君子也迨觀我周而其事又有可稽者矣

切實發揮層次分明可為而前文程式

天理之所以常存而人心之所以不死者所爭只在些子存之則進于聖賢失之則入于禽獸關頭何等重大若好惡不當行政用人有差即此便是本體上有虧即此便是人禽關頭更不必說到第二重意思也作者胸中所見極其了亮而精寔的當絕不下一躲閃語其氣體不直遹嘉隆前輩矣

禹惡旨酒　二節

雍正癸丑會試　陳　琦

歷考夏商之君子、而各舉其存心之要焉、甚矣禹與湯皆存心之君子也、即其一二事觀之、謂非繼舜而起者哉、嘗謂千古幾希之統、存諸中者所爭在理欲之介、見諸外者所驗在選建之間、古之君子秉志氣之知、神遏欲與存理交懲、本公正以立極、敷政與用人咸宜、慎持於愛憎人己間、而兢業之心無時少懈、斯存之之統以立焉、何則、心之全體不容有所間也、有所間則嗜慾紛而欺慊遂並域而居、故必嚴氣正性、以端其欣厭之然、而後此心之本體自昭、心之發用不容於有所偏也、有所偏則成見拘而畛域遂忿念而起以夕明通公溥以絕其偏黨之私而後此心之致用自弘嘗袒遊不禁穆然於繼舜而起之禹也情每奪於所甘小物不謹終爲大德之累意易移於所怒一善不擇即爲善量之虧禹則惡旨必嚴雖偶嘗之而旨等諸莫挽之愉淫好善必誠雖獻納之芻蕘儀同陳讜之益繆逖稽當時於旨酒則惡之而屛絕維切於善言則好之而拜受特勸且惡以好而彌堅存理有深心祛欲自不留餘地好以惡而益篤闢邪者將浼存誠自無纖微則即此寸衷之愉拂而淡泊之風與翕受之度已並行不悖矣其不敢暇逸也如此吾又上溯有商不禁穆然於繼禹而起之湯也法必貴其無弊意見未融即爲政治之累才雖

期於有用資格所限即以隘登進之途湯則法官無遏舉也日懸書於象魏無非聖賢之章程濬選無成心也廣徵聘於山河祇期英才之蔚起溯考當年立政則執中焉因心以作則渭賢則無方焉爲国而得人且政以賢而益修群策効力愈昭建中立極之庥賢以政而益廣大中至正有足継開門觀後之裔則即此張弛之光明而正直（翔〇足）之撚與寬大之量已由成不費矣其不敢戲渝也如此矣此者戒怠（三〇要）（六〇八〇本〇質〇分〇外〇精〇緻）荒殃滿假好惡胥得其平准恐一念有乘即開此心以攻取之隙故辨危微而稟精一無非人心道心之防立綱紀登俊良政人胥得其當惟恐一事稍偏即貽此心以疎忽之端故貽聖敬而處官無非

五科墨存

制事制心之學此所以爲存之之君子得以二帝有虞之繼禹湯而起者又有我文武矣

其光然之其息深之其文焕之其人雅也

禹惡旨酒而好善言　陳大章

聖心之好惡，嚴理欲之防者也。夫理欲之辨甚嚴也。惡旨酒而好善言，聖心蓋其嚴乎。且人心以理欲為介，以好惡為端，而其理量在一念之兢惕也。吾茲溯道統於禹而得其心矣。禹之心何心也。其惡旨酒乎。其好善言乎。夫一旨酒，至微也。以為之祇台，似非其所沉湎者，而曷為其惡也。禹蓋曰欲不可長，而旨酒雖微，正欲之漸也。吾為天下君而不絕之，則無論沉酗喪德，慆淫荒政，而舉天下玩好之物，將爭而中我者，皆此麯櫱之濫觴矣。奈何不惡。是故儀狄有疏，亡國有戒，惡不少徐焉。凡為吾心過欲萌而為天下

且是發揮語一綱領

只是杜絕人欲，且謂中酒亡其國，不過引以作証，如此透發理蘊，真入面目刻

拔一筆

陳稾不傳稿

陳夔石傳稿

杜漸源也二善言亦微也以禹之補聖似非其所裨益者而曷為其好也爲蓋曰理不可遺而善言雖微皆理之寓也吾為天下君〔如此乃得好〕而一或拒之則無論史不獻箴工不獻誦而舉天下忠讜之論爭〔惡其言隨〕遏而遠我者皆此拒善之所解體矣奈何不好是故臯益有拜韶諱有懸好不少徐徐焉凡為吾心廣聰明而為天下開治理也禹〔天德王道今一處〕之惡不盡於旨酒即此一惡而萬世之人心可戒禹之好不盡於善言即此一好而萬世之道心以培大哉禹乎所以承帝統而卷王猷者皆在其兢惕中矣

偶舉二事耳但緊得大禹一生存理遏欲工夫好惡一字非先

生不能寓得如此聳動危切

禹惡旨

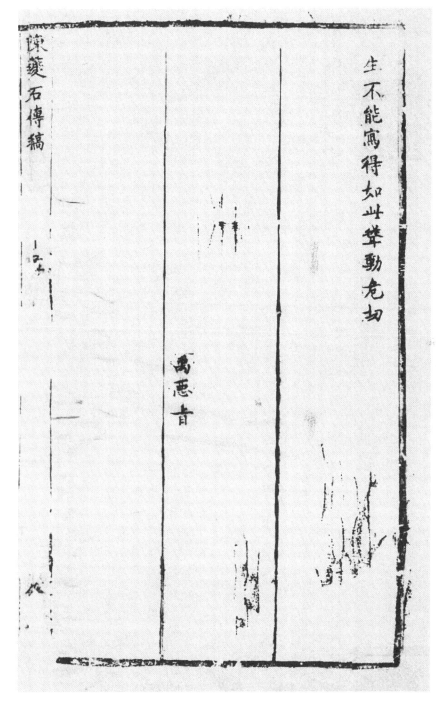

禹惡旨酒　一節　　陳大犨

夏王存心之異、偶舉其好惡而可見矣、夫人心莫不有好惡、而得其正者、惟聖人也、旨酒則惡之、善言則好之、禹之存心也、何如哉、且人心之存亡、一念敬肆之間而已、心之發也、動以萬端、而緣而為惡、顯而為好、常人藉之以行其偽、君子守之以致其誠、此人道危微之機、而千古聖人所為敬小慎微以明其志者也、則吾得即此以覘禹矣、克儉克勤、覺乎明德之遠、而小物之必嚴、即一時而有萬世之防焉、不伐不矜、見于虞書之紀、而賡拜之時、勤即一事而知聖度之弘焉、是故旨酒之設、夫人之所易溺也、以大聖人之德、豈足關其[illegible]

孟子

孟子

者頗惑惑然惡之必謹焉夫縱縱度之事禁之于彼則甚難而遏
之于始則甚易雖在聖人豈必大異于恒情禹蓋非以為垂世翼教
之虐文而以為[illegible]心檢束之大戒推見心也而凡內荒有訓外荒有（惡字全体俱見）
警以及防微杜漸之纖悉者皆可作旨酒類也何勿惡之矣善言所
在夫人之所易忽也禹以大聖人之德豈足當其萬一者而頤孜孜
然好之是急焉夫是非得失之機出于一人之意見者有限而得于
衆論之開陳者無窮雖在聖人豈得獨矜其明斷斷蓋不以為疇咨（是好字全理）
博攬之空名而以為集思廣益之大計惟是心也而凡鞉鐸有鼓疇
範有陳以及群策衆力之輻輳者皆可作善言觀也何勿好之矣蓋

聖人之心無刻而不存而尤謹于好惡之際聖人以好惡無時而不凛而特嚴于善惡之間禹非必于惡旨酒而遇旨酒則惡之禹非必于好善言而遇善言則好之此天理絶續之大機而人心消長之極致也後之君子可因是而想見其存心之密矣

全旨飽綻

理熟則蒙晦自銷氣静則矜躁自釋詞潔則枝葉自除讀者當于根本深厚處參之劉大山

就好惡二項寫出聖人全體精思老筆空所依傍

禹惡旨酒

禹惡旨酒而好善言

陳元澄　元

觀夏王之好惡、性定而情自正也、蓋情本於性、禹之性定而情自正焉、觀所惡所好、其所以紹舜之傳者、固可見矣、昔舜承堯之傳、既又以精一之訓示禹、是舜固以存心之統傳之禹矣、觀禹者正不必於其地平天成功業之博大者、侈言之也、但即日用尋常之事、從違去取之間、而其接舜之統者、於此見焉、人心之危、舜固為禹言之、而人心之所以致危、即以人所甘者開其徑、峻宇雕墻嘗亦訓以詒諸後人、而麯蘗之沉湎、則猶為人心之鴆毒、而屏去務嚴、道心之微、舜又為禹言之、而道心之所以日微、即以人所淡者

健○大○虎○綱○入○纖○老○氣○跡

片○言○居○要

理○極○清○宗

墨卷鴻裁　辛卯江西　孟子

絕其根慎修思永嘗拜手以推夫皐謨而群言之献納皆即為道心之分呈而兼收甚切是故其於旨酒也則惡之矣聖人非有惡

則醉清辣　一語落然如銅

於酒為其旨也淡泊可以明心志自旨酒一倡而所以害人肌膚

儔鐵壁仙人百卜言不然及

者猶小所以壞人性術者更大也禹惡之而凡所為與旨酒類者胥於是而遠之矣而其於善言也則好之矣聖人固好察邇言況又善乎鞞鐸久已懸明廷當善言之投而所以擴一已之聰聽者似少所以彙衆理之會歸者實多也禹好之而凡所為與善言等者胥於是而納之矣以禹之祇台為念也淵然靜處之中何外物

選出大禹身分不是勉然不大元氣象識力

之所得而歆何內理之或有所歆而情之渾涵於性者固即於無

思無為之內而可想其潔清之體純粹之懷而以禹之幾康是飭也繁然相感之際非必先存一惡之見而不覺屏絕之何以深非必預存一好之心而不覺採納之何以迫而性之發而為情者更即於一棄一取之間而可思其峻厲之操肫誠之志禹之所以接舜之統者如此而湯而文武周公又可次第舉矣

無詣不高踞題巔

老巾

卓爾閎大泊然精微文境之高似昆湖思泉兩先生文字以涵領袖群英固當不愧

孫咸三

禹惡旨 陳

禹惡旨酒而好善言　陳鳳漪　二十七名

即好惡以論聖人其所謹者微矣蓋好惡之機固理欲所由判也即其事以窺古聖之心其所謹者不已微哉且自禹謨之繼乎舜○○借○舜○剔○典也論者以典為百代常行之道而謨則述禹之功蓋帝升王降○禹○對○先○舜○後○希○各○脈○相○入○好○惡○前○根○之交正後人所樂觀其深矣不知兢業危懷者惟力持其理欲之機而不使此心之稍縱則雖年湮代遠而明德堪師景前徽者正可隨舉一二端以驗其憂勤惕厲之神也何則帝之時艱食未與承上意洗剔注○○題○神○寫○旨○酒○善○言○正○是○增○重○好○惡○得○先○與○加○倍○寫○法○啟奉養尚安於簡陋而慆淫之習不開至禹而風會日遷耶嗜欲有漸增之勢假令防閑不密即不能以淡泊寧靜者留遂古之風

新墨存真　辛卯江西

帝之世頌譏未屏故吁咈每多於都俞而敷奏之途亦雜至禹而治綱畢具明良多日贊之謨所患矜伐未除即不能以兼聽並觀（詩長心鄭董）者集敷施之益乃吾觀於禹而知其有所惡也所惡又甚嚴也知其有所好也所好又甚篤也蓋嘗即旨酒善言驗之夫旨酒亦甚（開酒放滔）微矣即善言抑又淺矣然而片念之克謹治化所以日興也一事（借後事作友照色孕史料一仕得）之偶乖盛德所由多累也吾觀古今來英君令辟類皆有忠讜之（渙動之氣）臣以謀諸左右其始亦或慱強顏納諫之名乃或內懷多欲漸就晏安於是君為長夜之飲臣為面諛之詞人欲日以橫而天理日（叫醒好惡）（迴龍頌）以息然後知一念之好惡甚微而自古開代之主所為致謹於幾

希者正為此也直夫禹之嚴所惡以篤所好也所以昭道統之傳而實本諸祗承之敬操舍在神明之地而王德之精粗判之為惡為好所爭正自無幾耳而審端於宥密者早挾震動恪恭之意以相深也夫世路之攻取何常苟意氣少乘而即授外物以相緣之隙乃禹也有以力塞其竇故於所惡絕非幾之貢而即於所好覘翁受之宏人心危而道心微禹所為從天人交戰之會而皇然獨密其操存也敬肆在幽獨之內而世運之隆替因之為惡為好百年止此一息耳而慎持於應感者早本痛深創鉅之情以畢赴也夫方寸之為地無多苟隄防少弛而即貽性情以橫決之憂惟禹

禹惡旨酒 陳

新墨存真

貼切瑩真

也有以自澄其源故於一惡靖世味之紛而更以一好驗天心之復心術正則治術純禹所爲繫存亡出入之幾而慄然自深其寅畏也夏是則旨酒致戒懿訓尚傳〻子孫而主善爲師統緒直垂諸百世吾嘗歷覽商周而嘆古聖之相傳以心者千載如一日也

愛叙群要見道紋正關世運

禹承精一之傳幾希之存舜禹自必一揆從舜剔清正善抱者不脫脈縷清真對針緊密投時尤在疏密散整之間

禹惡旨酒　全章

浙江馬宗師歲入桐鄉縣學十一名　陶汪鉦

并叙群聖之事、所以存其心者至矣、夫禹湯文武周公、皆君子也、為各舉其一事、非總舜而存心者哉、且千古有傳心之法、而無傳事之方、所以心為群聖之所同、而事為群聖之各異、古來之聖君賢相、因其心而措之事、因其事而想其心、第覺遞遞千載、而其心若相印焉、如存心之統、開之者舜也、而總之者豈遂無君子其人耶、蓋自虞舜而後、立君道之極者、莫如禹湯文武、而立臣道之極者、莫如周公、之數聖人者、以純王之治、為開創之君、以禮樂之宗、為制作之相、心無不存、而德無不盛者、豈顧問哉、然而存之內者則為心、而施之諸

此語警拔

提處如登高一呼、山谷應響

明為事故聖人之心雖無不同而聖人之事不必不異也試各一其
事言之人情甘於所嗜雖違口之微縱之即為私意之萌至理即
工○妙○不○減○
在數陳故矢口之間拒之誰為嘉言之進禹果何如也甘酒之箴與
古人○比、、、碗、存、心、得、真、乎、
雕墻而並數昌言之拜借鞀鐸而俱來心之存於所好所惡者如此
政治之張弛各異而權衡未當亦為偏倚之由生英奇之伏處恒之
劉○貞○精○中○
而門第足拘雖致升庸之速茹湯果何如也建中於民遠紹危微精
一之統聿求元聖近開旁求夢卜之孫心之存於所執所立者如此
總、揚而存心者其文王乎惠鮮懷保恬冒已徧於西岐敬止緝熙誕
登尤切於道岸而文之心豈遂已耶孔邇之歌雖深弟覺痌瘝之形

我目追琢之功雖至猶恐畔援之伏吾心民如傷而道未見文之所
以亹亹也繼文而存心者其武王乎戎衣底定即以繫郊圻輦轂之
觀瞻四海永清遂以關侯甸要荒之仰望而武之心愈難已矣鉛之
座右摠不越几劍盤楹之近垂之奕世無在非詒謀燕翼之遙邇猶
泄而遂不忘武之所以執競也若夫以家相而總存心之統者又
周公矣承禹湯之緒則紹述為難接文武之摸則仔肩非易然而無
難也三王之世雖遙一思而可以會其歸四事之迹雖分一思而可
以得其合縱有周官周禮之異無非此心此理之同日昃而不遑待
旦而不惜此又周公之所以存心也摠之心源相接雖帝王或
局意兜盤

降而憂勤之志合之前代而無異統屬幾希即父子亦可相傳物

號之念通之後世而無殊嗣是而存心之統其在師儒乎

詞雄氣暢命中有餘況在小試　瞿臨峻

禹惡旨酒而好善言　楊巘 二名

夏王嚴好惡之正、所以存幾希者、察矣、夫旨酒易溺、而善言又易
忽也、禹之所惡在彼、而所好在此、真能嚴好惡以存幾希者乎、且
嗜欲深則天機淺、滿味之悅口與理義之悅心、固兩不相謀者也
折入存心緊
人亦視其用心何如耳、苟溺於口之所甘而舍其心之所嗜則欣
厭舉失其正、而神明之所存或幾乎息矣、吾乃穆然于禹焉、夫禹
先滑全題滑出見二者已正好惡之
固繼舜而存其幾希者也、而幾希之端又未有切于好惡者也、吾
領耳熟滑後微意
嘗極斯人好惡之變、而得其當好而不好、與不當好而好焉者、則
落禹斷重
善言與旨酒是、而吾試持斯二者以觀禹、水土既平而後納九有

新墨存真　辛卯江西

之秸總以供與王之王食則為醍為醴醍醨相增已非復元酒之
栒包善即如今落好民難在内字清
亮遺也縱不必沉湎之是甘何至竟屏除於當宁元后終陟以還合
而朝之元慨以佐姒氏之豊功則嘉謨嘉猷隨時入告當無復巧
言之畏也而第恐高深之莫賛不足發寤想于深宮是旨酒與善
言固好惡所由判即幾希之存所自決也而禹深遠矣蓋禹非無
領月
所惡也所惡則同旨酒也夫立之監史以佐令儀此特為淩世防
既一貴謝並生色
耳以禹之齊聖孰令式飲庶幾豈至以壹醉之日富而蹈彼昏之
醒抉出惡字所以然
不知然而惡之矣無欲則靜顯以絕其口腹之私而不治將深隱
以消夫禍愆之伏我開禹踈儀狄惟作酒之故非惡之明証與所

[孟子曰] 禹惡旨酒而好善言　楊 [illegible]

惡若此所好可知則惟善言而已夫詢于芻蕘不遺葑菲此第為衆人言耳以禹之神明就令攸好在德亦何必淺善之如流而致中心之若渴然而好之矣舜以自牧根於聖不自聖之心而能自得師克予好人所好之量我聞五聲聽政惟求言之故非禹心誠好之烏能如是而吾於是嘆禹之承天者其念深而禹之養心者其功密也以身係天下之重即怡情燕喜何損善量之淵涵而禹將決惡之之力以專好之之誠者宵寐之地蓋息息與天相見也淡泊可以明心而集思必期廣益故甘酒有箴傳為皇祖之訓而聞善則拜紀諸史氏之文以德開王治之先即志在納言何妨分

禹惡旨酒 楊

念於顧養而禹將極所好之大以嚴所惡之公者取舍之閒蓋一

以存心言正是下手次第 工切

一與心相守也不繼一念之欲而獨涵萬善之歸故飲食之菲後

聖如將見其心而好聞之裕哲王猶或師其意禹湯好惡之正如

此々幾希所以常存而繼帝以傳執中之統也

新墨存真

拈疏儀狄拜昌言二事切定大禹發揮不事推論放活而已足

見性情之正前後承上存幾希來脈理既真頓挫鏗鏘尤復耐

人百讀

禹惡旨酒　康熙己未　楊大鶴

夏王所惡不以可嗜而亂其存也夫酒者亂人之所有嗜也而洗昔乎禹是以惡之耳嘗論口體之欲雖君子不異於庶民然而戒希之辨有從其所欲而縱之者矣有不從其欲而節之者矣夫節之斯已難焉況一見而絕之者乎吾于禹而得惡旨酒之一事夫禹之勤儉非旨酒所能妨也而禹以為外誘吾之口者內將惑吾之心此亦人心之危者矣禹之明德非旨酒所能昏也而禹以為漸引吾之嗜者終將亂吾之性此亦道心之微者矣權聖人能卻嗜欲之勢其動始於一端而其究也多不可究極有旨酒必有因酒

本朝小題文憲

（西□□□源）

以生焉雕墻峻宇為湎、居象箸玉盃為酒之器、酣歌恒舞為湎

（才□舞□不□議□黃□陶□巷）

之助、佳冶窈窕為酒之人、此亦如國有四凶、用其一並將連類以

（限□通□□□□）

至者、莫之能禦也、而三爵是過、卜夜為憂、其細故也、惟聖人獨屏

清明之氣、其蒙不過終日、而其後必至于常迷、有旨酒無不因酒

而驕焉、班朝蒞官以酒、而倦禱祠祭祀以酒、而忘省方覲后以酒

（借□証□都□切□爲□時□事）

而疎、行賞決罰以酒、而誤、此亦如世際洪水、極其勢乃竟滔天為

（□然□証□佐）

極者、莫不湮汨也、而燕喪威儀、荒怠朝久、又無論也、是故後世人

不監沈湎之失、而作之誥者、而禹不、不必監於人也、禹知之未大

（絕□大□機）

美元酒已不能仍躋古之風、而姑用此一念之痛懲、留帝心者

盖後之人有戒實筵之際而著爲觴者而禹更不獨戒于志
絕之矣醴酪漿醍亦漸有其難禁之勢而猶憶此目前之華華
巳禪泝未開九州依同（列辰精欲）麯糵不登羨貴之品皇祖有訓甘酒先存
儆戒之中幾希之統于所惡見一端云
訓之照宗存心已屬小中見大而危言正論可作箴規後世泥
酒諸君宜各書一通於座右　向泊貞識

禹惡旨　楊

本朝小題文

○○禹惡旨酒　四節　　楊開沅

歷敘夏商周之君子、其存心皆可約舉也、夫由禹湯以及文武、皆存心之君子也、而其事不可勝舉、藉孟子約而措之、且帝者之治詳于道、而王者之治詳于政、以是為論古之大致乎、而亦未必然矣、蓋政不可以言舉、而道則可以意求、其間聖與聖相繼、有政異而心不異者、此以見帝王之無升降焉、蓋三代聖王、其視天位相傳、皆為艱難不可勝之任、其視安民立政、皆臣隣不及知之端、故戰兢惕勵之意、至今日而猶儆、而修恭震動之思、任舉為而皆見、世或泥其迹而求得其心、即推其心而亦不知其心之隨在而存也、蓋禹湯文武之去

今遠矣而吾試為歷揭之夫帝舜之咨首儆怠荒而禹以惡旨酒特
聞以是為悪後世猶有甘酒以違祖訓者此鄰鍾之鑒所以答汝昌
言欲不然何以承執中之緒耶洎及成湯而其緒幾失久矣而建厥
中而式乎民抑不以緒而以心湯之心猶禹之心欲觀于旁招俊乂
聿求元聖即立賢而執中寓焉其為民請命也則然後王不盍如
幾與幾而文王乃以視民如傷嘗時乃有謗毀之為得民心者此哉
易之繫所以憂患于道欲不然何以切來見之勤耶傳及武王而其
勤更以觀矣而邇靜正而遠不繫抑心勤而境以化武之心猶文之
欲觀于嚮御罔非正人小作周于百世由發邇而見遠得焉其總

乘湯而王也固宜由是數者而比思之或得其偏而或得其全或觀其大而或觀其細而要之約舉以參觀則備全大小合而見聖人之心焉耳或此之所易而彼之所難或此之所同而彼之所異而要之與時而偕行則難易異同初無妨聖人之存焉耳後之讀者于焉則漢其神功于湯則繹其懋德于文則脩脈事之節于武則識詩廉之非是豈足以盡三王之四事乎

化四節為兩對意到筆隨有不衫不履之致視排耦方幅者才致固自不同　玉師

禹惡旨

焉

○○○禹惡旨酒　一節　楊錫恒

夏王之存心見之所好所惡焉夫好惡者人君之大端也旨酒善言不可以見禹之存心乎今夫心之不得其存皆多端要不外于欲之易熾理之難業而已古之聖王謹小慎微必使易熾者無由熾而難業者無勿業其憂勤惕勵之意見者可約舉焉我得徵存心之統于禹矣處帝升王降之[illegible][illegible]漸開而一節之偶弛縱者將議其心之[illegible]遐大成天平地[illegible][illegible]則功爲易伐而一善也偶遺熾者又[illegible][illegible][illegible]並無則[illegible][illegible]存以將于何而見哉今夫好惡者人[illegible][illegible][illegible]存於所當惡者而不惡焉始亦謂

寧之微若無甚大[illegible]一事前天下之漸而後此之伺其隙以投之者將遂不可[illegible]也而於[illegible]然矣之端亦必不緣是而謐矣我有當好者而不[illegible]亦謂[illegible]其為益我無多耳乃一事關天下之氣為後[illegible]矣與善相親者將發憤歎息也而責難陳善之美其何由而從[illegible]矣即如旨酒之說酏流湎之失夫人而知惕也惡惡之不力則雖德將無辭之戒日陳于前而隱微之惕志不存其所謂無者猶迹也為之心何如哉祇覺人之見[illegible]可甘者而為則不勝其為德之慎人之精為適口者而為則不[illegible]其流禍之無窮焉所為訓戒者亦若此甘欲極辭而致凜也

祈以方人心之危者不遺乎細也人無善言也忠言讜論之陳夫

人而知重也華好之不篤則難從善如流之美日深其慕而中藏

之虛受矣弘其所謂好者衡之也之心何如哉祇覺人之懍為

施耳者而為若湊待其離人之一擴納者而為若望協

其數矣弘揚之焉焉一守不能一發然後肄之其文也則所

以落道心之微旨不然上蔑以其學者深也一若不知其旨

也而惡之一若知其為旨也而尤惡之其好之之也閔應知其善

也而好之又若恐不知其善也而尤好之所以致惡之間不可以

見尚之存心也乎

本朝歷科墨卷

旨酒善言屬對似難工微拈好好二字作者思整齊對且二字

便是人心道心之分並著于書正當對看篇中極見得到處

實發處俱見精警

孟子曰禹惡旨酒而好善言

康熙己酉順天 黃越

夏王之存心、即所好惡而可驗焉。蓋禹之心驗于好惡。禹之所好
惡、驗于旨酒、善言。其心無窮其事可見也。孟子總舜而遡禹之所
貞足。
以存心者若曰、尤物易移人、而從善又如登也。賢人以下皆知謹
○起○將○莫○兀○原○許○便○着○得○好○
焉初不以是難聖人而聖人之心有即是而可驗者。人心之危者
不危而得安。道心之微者不微而蓋著。夫舜而後吾以觀禹焉。今
○大○處○着○眼○頂○上○眞○光
夫心者好惡之所自出存于幾微本無形之可見。而好惡者心之
所由形發而多端必有迹而可窺。禹之所惡者獨一酒已乎。而酒
從、旨○着○意○化○人○乃○亦○北○酒○字○
而旨也挾人以所嗜則趨之勢就之易中人以所甘則茹之易

而此之難焉獨非人情乎而偏　其惡之深也焉必有見于人心
（呆不了題不即呆不離既不推諉亦不呆詮）
之危其引之者不一惟不予以可乘之幾其乘之者斯無隙而得
（妙解人說不到）
入則其惡也亦其惕厲之心遇當惡而皆惡還旨酒而遂不能不
（真語）
惡是特其惡惡之心所見端于此也不然而徒曰惡旨酒已也亦
（而字出）
其意之所偶不屬耳何為其絕之嚴若此哉而不但已也禹之所
好者獨一言已乎而言而善也順之則易忽難都俞而未繹于心
逆之則難堪亦吁咈而勿旋諸事焉得無同情乎而何為其好之
亟也焉必有見于道心之微其擴之者亦眾一惟弘然吾能受之
量其所受者務細大而不捐則其好也亦其不動之心遇當好而

皆好遇善言而遂不覺其好是特其好善之心所流露于此也不然而徒曰好善言已也亦其意之所偶自動耳何為其拜之殷若此蓋逆其心之微密不可測所可測者能好能惡之寔即其好惡之究竟不可覩而可覩者所好所惡之真是聖人之全體也苟徒以是為禹難則謹嗜欲受善言亦賢人以下所優為耳豈知大聖人之存心固全體之憂勤惕厲所畢見于此者哉

幸一髮而全神俱動然大如其心細如髮

微斷東流獨成妙解

此偶舉二事以見聖人全身謂禹之精神獨注于此則其他滲漏已多未免示帶夫或徑據本事推廣于旨酒善言之外則當句寔義安在總由與題註

也一節而言之旨未嘗究心ナ

本朝墨選讀編

于旨酒善言各有妙合而又即一藕以推勘聖人全身○滙然
窺尋及此○本房高荊農先生加評
善于審題○精于除註○眼注題中○神游象外○遂覺遺世而特立○至山

由宋樓

孟子曰禹　黄　越

孟子曰禹　一節　黃叔琪

溯存心于夏王于好惡得其大端焉蓋一旨酒也而惡之一善言也而好之斯真存心之精于矣孟子溯殷希之統而尚論夫禹也曰學稽虞廷授受以後而人心道心之傳即千古理欲之幾所由判也碩理欲之存諸心者隱而不可見而其端則恒見于好惡夫好惡者庶民之所忽焉而不知察者也而存心之君子則兢兢不敢其憂勤焉（竟一筆轉入題）吾于禹見之中天既遠嗜欲將有日開之勢當源隨風會之適然乎（西更覺深細）乃防微杜漸在他人僅窺其大而禹更不遺其細則禹之為惡也僅矣文命既敷謨猷縱無攸伏之憂亦何足益高深于萬一乎乃虞懷

乙酉科墨卷彙編　順天　四十四名

善下在他人祇尚以迹而為獨稱之以意則為之為好也又僅具考其軼事則惡旨酒而好善言者非聖人莫不劇于其旨也非幾之貢聖人寧嗜而甘焉乃旨之稱夫酒也或以為物之細而無傷或以為事之恨而可悅鮮不耽于所嗜者焉則覩微有深慮也謂此旨酒也歟哉是即所以蒙蔽吾心而貽忽之幾關于天下萬世者甚鉅也絕之必嚴屏之必力殆不啻僉壬令色之投畀也人肇甘自棄于善也秉彝之好聖人亦共此懷焉等尋之見于言也或以為說之近而無奇或以為聽之類而易忽又誰復深以怡悅者焉則渠然有深慕也謂此善言也歟哉是即所以啓沃吾心而安危之計係于天下萬世

旨酒之深禍知是惡事意深著

善言之聞像如是好字意深著

者無窮也拜稽以從之都俞以受之始匪徒縣韶鼓録之虛文已夫
度之君亦藉納以彰虛受而檢躬弗容將天下之有所挾而至者寡
互說處亦見精要不比空疎了無意味
矣禹則以所惡務所好而擴然無一物足累者乃以見薦廷歸懷之
樂焉況乎易堯之獻替歆康之精微此所以優入聖域而無難懋克
心之主亦謹身以貽濟渊而聞言或拂將他端之有所緣而進者抑
又多矣禹則以所好嚴所惡而淵然無片善或遺者斯以為志氣清
明之助焉況乎酒醴之微皆屢深察之勃然此所以親承前緒而無
漸戴是可以為存之君子矣
刻畫精鑿無義不到無語不透是極綿密靜細之文以視粗浮膚

竟若相去矣齊天淵。後此反翻更見周匝　[illegible]來

孟子曰禹

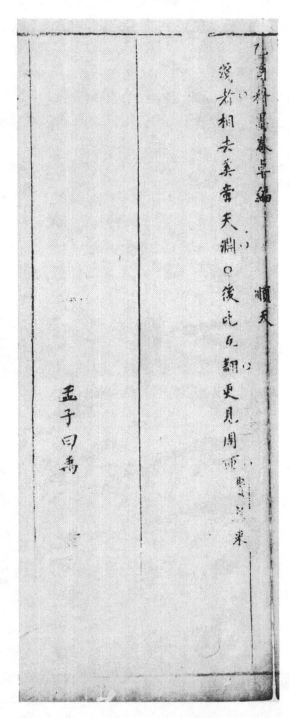

禹惡旨酒 二節

雍正癸丑會試 黃輔極

考存理於夏商之君子其事可畧舉也夫旨酒惡矣而善言則好之中執矣而立賢又無方皆所以存幾希之理也禹湯之事如此嘗謂（開講非寓於即實疏此夏商絕響絕）幾希之理蓋無在不寓矣理且具於性而發於情倘用情有弗端非所以盡性也理存於心而達於事倘行事有或失非所以治心也然豈所論於存之之君子哉試繼舜而言禹湯以家傳天下其始於禹或疑其德之衰而非衰也受神宗者固若帝之初敷大命者即承帝之道彼其功德之遠載在禹謨無云者後世皆頌揚之吾不具論論其一二事則一曰惡旨酒旨酒甘食者氣質之性也滋味之校宣口者可視

五科墨存

爲無損乎禹則以義理之直抑其氣質之性而惡之情生焉一曰好善言好德者秉彝之性也言語之美入耳者可視爲無益乎禹則以惡愛之裹牽其秉彝之性而好之情發焉疏儀狄而拜昌言一若以人欲之不可甘不必在大旨雖在酒即人欲之可甘也哉繼以從天理之有可樂不必在事善雖在言即天理之可樂也敢不拜嘉推其意也凡聲色貨利之私其惡之必嚴也可知矣凡綱常倫理之重其好之必深也可知矣豈非凛危微精一之旨而有以紹虞帝之道統也哉以兵得天下者始於湯或議其德之慚而何慚也順民心者雖革夏之正奉天道者實纘禹之服彼其智勇之錫載在商書商頌者

天下皆聽聞之吾亦不具論﹅其一二事則一曰執中立政者立德之符也偏陂或形於道者何以仰皇極乎湯則以一德之美持其廣政之平而中亦道得焉一曰立賢無方取人者參方之驗也資格是繩懷才者何由傾上明乎湯則本檢身之周形爲與人之量而無方之道貽為嚴立法而覓用人一香以理欲之介甚微貴能擇守中而不執恐理之陵於欲也豈協天則公私之辨無多正爭無獲賢而拘方恐私之害於公也寧無當於心推此意也凡心性隱微之地其無時不中也可　　矣凡神明變化之端其無方可域也可知矣豈非殫聖敬日躋之學而有以接虞夏之心傳也哉若其惡﹅好﹅　情發之為

五科墨存

雖未讀大學聊以自服

平治之源者歟之所爲正修之要範其情乃所以養其行政用人

賈太傅政學云孰猶自在

之事顯之爲治安之術皆微之即爲道德之精善其事乃所以止其

心禹湯之存之又有如此者

一破已得正旨靠實詮發殆無餘蘊逼真古會元風悠出場時於

福州會館見之已自叫絕燈下披閱雒誦不置黃君人甚古質公

臺相晤未暇叩其所學然此豈猝乍揣摩得來甲寅正月望夕

禹惡旨酒

四川曾宗師科入綫
陽縣學一名　程敏

夏主之惡所以存心也夫酒維其旨禹何惡之甚也君子曰是即其所以存之者矣且人心之難存也（張○書○旨○反○入）其沉溺于飲食之節抑末矣然而細行不謹終累大德古之聖人獨兢兢于此不少假焉論其軟情可以想見其心爾有虞氏而後禹則繼之（何舜入禹）兢業之指脩闢于前朝人心（此）之危承戒于斯位當是時禹處舜之後則其所存宜如舜而惕滋惕（說○是……）矣今自平成以來有求可得有欲可遂而嗜好之念倏紛攻取之情（此處難寫入○少酒者化○虛引一設）日益其在飲食間亦大彰明較著者也昔也粒食維艱而今也有（民）既別烝種既降秬秠糜芑既不一其類聖人所謂六府三事以養小

民者人或出技巧崇口體多方以歷之如旨酒之作蓋在紂時云爾

（從旨習）

飲儀狄之酒甚甘之而禹滋惕矣良藥苦口而利于病旨酒適口

（拍人）

亂于行苟天下後世知其旨不知其害沉湎于酒日以恃惑則心之

（字自然）

存焉者寡矣心之不存而國尚存焉者幸矣故曰必有以酒亡其國

（落墨字古韵）

者疏儀狄絕旨酒將其惡也且又恐後之人忘所以惡之也復著為

祖訓而一篇之中三致意焉凡以甘酒嗜音峻宇雕墻其一足以亡

（此一段議論更高不與所謂人心）

也與色荒禽荒等要而言之甘酒之弊又必兼此者而有之何也

（筆力直逼先秦）

（惟溺于者恐不止一旨酒也）

人矣數為長夜之飲則必高宮室廣臺榭矣則必佳冶窈窕雜進于

前倡優巧笑不絕于側矣則必耳習桑濮之音而身樂馳驅之事矣

佚樂之日多益傲于聽政則必委政于近習小人而正士斥遠矣思此皆酒之為也（勁有）且酒有三失而亡國不與焉由醉之言則失其言不知其佚則失其度彼醉不臧則失其性三者失而（是翕歟也）殺不得自比于人矣何有于國禹雖齊聖敢不懼哉敢不懼哉

開口說个惡旨酒旨酒云耳有何絕大干係辨其所從來推之至于其所終極寫得十分可惡自然犄合存心沉着痛快當與曾共公擇言參讀　方山

根據五子之歌自抒偉議此蘇家作論手段　壘聖

禹惡旨酒

四川曾宗師科　程　敏

入綿陽一名

夏王之惡所以存心也夫酒維其旨禹何惡之甚也君子曰是即其所以存之者矣且人心之難存也其沉溺於飲食之節抑末矣然而細行不謹終累大德古之聖人獨兢兢於此不少假焉論其軼事可以想見其心爾有虞氏而後禹則繼之兢業之措備聞于前朝人心之危承戒于攝位當是時禹處舜之後則其所存宜如舜而禹滋惕矣念自平成以來有求可得有欲可遂而嗜好之念愈紛攻取之情日益其在飲食間亦大彰明較著者也昔也粒食維艱而今也三壤既別嘉種既降秬秠穈芑既不一其類聖人所

謂六府三事以養小民者々或出技巧棠口體多方以靡之如旨
點○符○有○係○委
酒之作蓋在禹時云禹飲儀狄之酒甚甘之而禹滋惕矣良藥苦
口而利于病旨酒適口而亂於行苟天下後世知其旨不知其害
況溺于酒則以悖惑則心之存焉者寡矣心之不存而國尚存焉
者幸矣故曰必有以酒亡其國者疏儀狄絕旨酒昭其惡也且又
惡後之人忘所以惡之也後著為祖訓一篇之中三致意焉凡
以甘酒者音峻宇雕墻其一足以亡也與色荒禽荒等要而言之
甘酒之弊又必兼此數者而有之何也人主數為長夜之飲則必
高宮室廣臺榭矣則必佳冶窈窕雜進于前倡優巧笑不絕於側

矣則必耳習桑濮之音而身樂馳驅之事矣佚樂之日久益倦于聽政則必委政于近習小人而正士疏遠矣凡此皆酒之為也且酒有三失而亡國不與焉由醉之言則失其言不知其秩則失其度彼醉不臧則失其性三者失而幾不得自比于人矣何有於國禹雖聖敢不懼哉敢不懼哉

前幅歷敘旨酒之所從來與禹之所由惡後半暢發酒之為害甚烈未言不特可以亡其國而并不得比于人即剿國策語結歸存之本旨波瀾層疊而文氣更極古茂證引國策見禹惡旨酒之故實文更引書以皇祖有訓為證據典確不刊

禹惡旨酒　程敏

夏王之惡所以存心也夫酒維其旨禹故惡之甚也君子曰是即
其所以存之者矣且人心之雜存也其沉溺于飲食之節亦末矣
高○○曾○跌○見洛
然而細行不謹終累大德古之聖人獨兢兢于此不少假焉論其
禹字○安頓
帙事可想見其心耳有虞氏而後禹則繼之兢業之旨備聞于前
朝人心之危承戒于攝位當是時禹處舜之後則其所存宜如舜
而禹滋惕矣念自平成以來有求可得有欲可遂而嗜好之念愈
旨酒所○由來
次第
紛攻取之情日益其在飲食間亦大彰明較著者也昔也粒食維
艱而今也三壤既別嘉種既降秬秠穈芑既不一其類聖人所謂

試得閒係世運

六府三事以養小民者人或出技巧祟口体多方以靡之如旨酒之作蓋在禹時云禹飲儀狄之酒甚甘之而禹滋惕矣良藥苦口亦利於病旨酒適口而亂于行為天下後世知其旨不知其害況

折分作是

溺于酒日以惛惑則心之存焉寡矣心之不存而國尚存焉者幸

章法　把然停

矣故曰必有以酒亡其國者疏儀狄絕旨酒胎其惡也再又恐後

生開出合限境界

之人忘所以惡之也復著為祖訓而一篇之中三致意焉凡以甘酒嗜音峻宇雕墻其一足以亡也與色荒禽荒等要而言之甘酒

班伯之哉組是之職

之弊又必兼此數者而有之何也人主數為長夜之飲則必高宮室廣臺榭矣則必佳冶窈窕雜進于前倡優巧笑不絕於側矣則

必耳習桑濮之音而身樂馳驅之事矣佚樂之日多益倦于聽政則必委政于近習小人而正士斥遠矣凡此皆酒之為也且酒有三失而亡國不與焉由辭之言則失其言不知其秩則失其度彼醉不臧則失其性三者失而幾不得自比于人矣何有于國禹雖齊聖敢不懼哉敢不戒哉

閒閒說个惡旨酒旨酒云耳有何絕大關係辨其所從來推之至于其所終極寫得十分可惡自然拍合存心沉着痛快當與彖共公擇言參讀 蔡方山

註只載儀狄一段文直尋到五子之歌為証俯可以補前人所

未及其暢發淋漓處。幾與酒誥實鑑相表裏。提筆在手。竟忘其為試場八股生活也。此是何等胸襟實疏闊

禹惡旨　　程

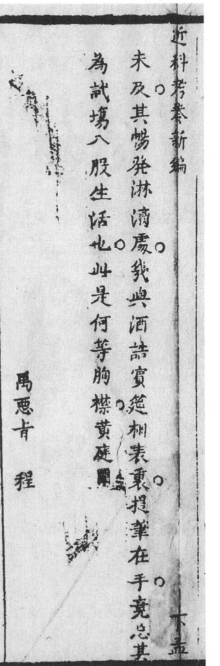

禹惡旨酒 四節

費洪學

詳夏商周之存心、以王道而繼帝道也。夫禹湯文武、非繼舜而存幾希之統者乎、歷詳行事、其存心豈有異哉、今之尚論者不察其本原。（軒然而來）而謂天帝升王降、此甚非也。古今止此心法之盡、帝得之而為帝者、亦王得之而為王、蓋嘗攬觀數百年之行事、而約其大概、信乎留、而承大統、未有不曠代而合轍者也。今者幸生文武之後、而得觀謨烈之遺、則意者歷聖相承、而可以紹美虞夏者、其必惟我周哉、雖然、更有禹湯在。今夫禹湯去今既遠、其心源渺不可稽矣。然人生平苟從古述事、必為之形其性情、備其嗜好、以想見其為人。又或者求之

用人行政之際以得其大端節目之所在況禹湯之憂勤惕厲有過
越尋常着顧可以世遠而勿詳哉則見其肯綱必悉也嚴遏欲也則
見其善言畢封也賡忠蓋也無也之存心約畧然也則見其所缺者惟
中也武競緒也所立者惟賢也公登進也湯之孫以約畧然也猶欲
自績奇化
休哉此所以為千古存心之君乎而志紹舜之統故不繼其後皆由
我周矣且夫周之統緒與前代異前此受商之命神聖每難接踵以
故雖啟繼禹服太甲繼承湯緒然不過守成令主而未聞家學相
承邁千古也至我周則由文而武兩聖代興厥惟盛哉彼其沉湎有
周處志隆好下紫佐出徒
我躬當不惡旨酒屢述有湎局當不好善言而且無偏無黨所執者

何一非中克知克見所立者何一非賢則所謂禹湯之存心即文武之所以存心亦何不可然而不相襲也亦不相歧也第見敎悟冒若文之民耶而猶且如傷也須誕登者文之道耶而猶且未見也若夫大數既集最易泄者武之時也而武則不泄邇也萬國盡同最易忘者武之務也而武則不忘遠也樂民岩而思道岸何莫非危微精一之防矜細行而不邇盡亦止此幾微自勞之念文之心武之心寧有殊于禹湯之心哉後之君子好學深思宜其乘而施之以接舜之統也

變化不拘歷落有筆致非句櫛字比勉強牽合者可及　子師

出

禹惡旨酒　二節

雍正癸丑會試　董淑昌

夏商以惕勵接存之之統其端可約舉焉夫禹與湯皆存之之君子也好惡如彼所執所立如此惕勵爲何如哉且自帝降而王而聖賢之局一變揖讓降而爲征誅而聖賢之局又一變然變者其迹不變者其心從古君子謹嗜欲樂通德建有極廣延攬兢兢業業其道未明雖百世下昭然不蔽也如存之之統繼舜之後者則有禹矣當其時任土作貢筐篚來自九州元圭錫告功名盛於天下止亦人情易滿之會矣而禹不敢也平成皆自在天地勤勞者自在王心惟危惟微之傳二帝實式憑焉而謂禹敢忘乎旨酒雖小系家可繼害言雖

偶儆不可長惡之萌之所爲戕之也防人心而幾焉嚴不敢先天下而開其隙於事遺心而片善不遺不敢後天下而生其怠惰持乾始厚終之意與旨酒善言爲流距所稱吾無間然者此也清明廣大之中小心謹慎即于古猶可共見耳繼禹之後者湯也當其時北家爲國天下震非常之功智勇天錫萬國尊神武之才此亦驕盈易起之時矣而湯不敢也赫濯者自在聲靈謹持者自在土德制心制事之頊前王之昭鑒在焉而湯敢自弛乎大中之義關乎曆數古賢之道簡在帝心執與無方所爲拳拳也遡精一而道統相承從諫改過竟然有苞有三蘖之憂勤聘幣而世數不拘懋官懋賞懋然少上下

一德之矣持虛公無我之情與中道賢人相終始所稱建極任賢者

句古奥

此也蕩平熙績之朝深惕慱謀即萬世猶可共觀耳然則禹與湯者際帝運之終而入聖不敢以不優開戡亂之源而慚德不敢以不釋戢兢惕厲存之之事可謂彰彰矣後之君子不又有繼是而起者乎

筆老筆精筆崛強筆排宕不精則以夾雜為老不宕則以險澁為崛不老崛則以軟媚為筆

禹惡旨　董淑昌

禹惡旨酒　全章　　衛良佐

稽君子於三代而其存之也如一人焉夫君子雖各自為存而要祇存其庶民之所去者而已由禹至周公豈有不合者乎嘗觀自唐虞以來宇宙之運會凡三變曰帝曰王曰伯而其中之為王者抑又不能無世變焉然世變而道不變也則存之者固在禹湯文武周公矣禹湯文武王者也周公不王者也而亦與乎王之統者也詁名以其事言之鯀汨陳五行而世一變矣而天於禹也錫之洪範以陰騭下民惡旨酒好善言是庶民不罹於性之本不協於極之鑒也禹之事然也夏有昏德而世一變矣而天於湯也錫之智勇以表正万邦為

衛鶴洲先生稿

執中則立賢是身示下民以帝降之衷而又能灼知三有宅心灼見

時○而○不○對○形○盡○入○古

三有俊心也湯之事然也傳世至紂則播惡於民而彝倫之傷斁極

文○王○一○生○奏○精○神

矣文王起而繼之而憂民憂道畧見於演易焉故其視民也不自冒

布其乾始坤生之德其望道也不自謂畢其參天兩地之依文之事

體○法○又○變

也作易者其有憂患乎至武王而征誅同於湯大道因乎文故以濟

之不泄者斂然於宮中府中而以遠之不忘者慮及於天下後世武

精○力○語

之事也則夫敬以勝怠義以勝欲也其得諸冊書之受洪範之訪者

乎夫文王未嘗受命稱王至武王而始王之故通三代以為言曰三

王也以三王而有此四事亦可見代與事殊誠有不必強為合者矣

要之此心此理之同固無有不合而惟視其人之能深思而得之也周公於是乎思兼三王以施四事焉而其思之則夜以繼日焉其思而得之則坐以待旦焉天無物而不體仁体事而無不在而制作乎礼樂者惟斯建立乎官政者惟斯凡材藝之所達無間大小而任所措注者亦惟斯蓋由不合而得其所以合微論三王有是事而一一我爲之而亦必三王有是事而當時度勢亦無不可自我爲之文武不得以予弟故而私公於一家周公亦不得以我周故而有嫌於二代故有天下之大統歸於成王而存之々君子舍周公其安屬歟是故禹湯文武王者也固能以純王之心而行純王之事周公不一者

大文章不止首尾関照也

也然所行者莫非王者之事而所存者即莫非王者之心閱數百年王者之迹熄而流於伯矣是誰之責哉

金懷蓼夫子原評

前輩馬君常評歸熙甫顔淵問為邦全章文曰以一事領一代須此為文巨筆揚厲之令人自覺撞鐘伐鼓方此故是瓦缶之響吾於此文亦云

禹熙首

五十二名

熊之理

禹惡旨酒而好善言

好惡必極其誠夏王之存心益密矣夫旨酒豈必為善言之害乃禹之一惡一好其存心不猶密歟且人心存遏之機亦危矣哉操舍無偏倚之勢而耳有迎拒之緣性就業為懷者乃獨明夫理欲之去留而各嚴其界古聖王物欲不擾而天理常昭不以同嗜者役其神即於同聽者宏其量固清明其在躬而氣志已如神矣吾用是穆然於禹焉統承二帝而功成底績何妨弛刻責之懷第取舍弗慎於當躬則幾微之玷皆神明之累也溯儀型於安邑何以屏非幾而發明德之馨功冠百王而文命覃敷斷不存寬假之

新墨存真　辛卯江西

念故防範維嚴於一已而天機之著即嗜欲之消也衍墜緒於祇（所以遏先手妙）台且將絕濡淫而顧闢門之後吾見其於旨酒也則惡之四載平（順貫）成天地亦歆其嘉德即口腹之便何闕絕續於幾希禹則以不飲（影題醒亮）難微不嘗切溺天之戒也夫載沉載浮洪水之溺人易見而載號（用意丸合巧）載呶旨酒之陷人難明也惟其旨矣絕之必嚴誰其援之去之益力惟右史左監之自立儼下巢上窟之難安推斯志也舉凡嗜好（斤醒）紛華之在御均不得淆其先心滌慮之全神也已又見其於善言（抑縱送已）也則好之元后陟位臣鄰群效其贊襄即一得堪師何補宸衷於萬一焉則以善端所在不嘗稟精一之中也夫字惟十六一中之

旨約而該而執在兩端萬善之歸廣而切也如聽箴銘嗜之忍篤宛邃訓誥纂之彌深惟芻蕘可進於帝庭斯與論即幾于敷奏推斯志也舉凡嘉謨嘉猷之入告要皆挾變化神明之妙用也已寸衷不容其防閑則物交引而大美之設亦格格其不入焉也有所取先有所棄斯入于己若卻非為高出之人者遁非不察合兩念而血於筋骸以留天地陽剛之氣即隱以植生人彝秉之良真愛不極于誠摯縱私慾克而淵懷未粹終鬱鬱其難伸焉也有所棄必有所取斯淡泊即以榕沖虛之體蕭和益以擴寧靜之天併一念而互為存非獨為世道戒其沉酣直欲為人心覺其聾聵禹之

存心如此。繼禹而起者。不又可進觀乎。

名言挾逸翮而來淳意輔高文以出杼柚合度錦繡在胸孟藝

得此洵是十成火候

明清科考墨卷集

新墨存真

禹惡旨酒而好善言　劉　煋　三十五名

夏王繼虞廷之統而以好惡存其心焉夫旨酒善言固欲與理之
判也禹以好惡嚴之其存心之君子哉今夫紹執中之統者紹其
心也心必有所由見則必判天人純雜之介以端一已之從違古
聖王戰兢自持其密而謹諸心者甚全而其顯然可舉者不過一
二大端所閑正非淺鮮矣吾茲有懷於禹夫禹之所以存幾希者
在辨其好惡而已好惡之用何當有當好當惡之理即有當好而
不必好當惡而不必惡之人事則吾且即旨酒善言以觀禹旨酒
累我者也非旨酒而遂無所累哉非幾冒貢之乘防之愈危中之

辛卯江西

［孟子曰］禹惡旨酒而好善言　劉煋

新墨存真　辛卯江西

愈細知屏斥之全神早有以充其類也善言益我者也舍善言而
（語精）
遂無以益哉名理感召之處得之愈微保之愈重知翕受之本志
（理足）（頃句奇高）
早有以裕其原也蓋至人悚切之神涵之固無其際而謹嚴之慮
（双起嚴和）
析之必有其端禹非惡旨酒而好善言者哉不從人情躭溺之緣
以痛絶其禍機則人心將有漸長之勢不從天理昭露之處以廣
開其言路則道心終有歇絶之時禹以一身而膺王會直欲以人
（作擬筆妙微深意）（开）
盡天見者存萬古心法之宗而非徒為天下崇儉而示謙也故防
（收應整嚴）
沈酣之汨沒則甘旨不欲暫陳啟聽受之機緘則嘉謨幸其入告
（筆實堅挺）
以憂勤之志而兩用其愛憎取舍之情禹之好惡何其正亦不從欲

食宴樂之地以拔其根株則善言反有懼而不進不盡芻蕘封菲之長以大其採納則旨酒反有類而難捐禹以一身而臻聖域直期以欲淨理純者行千秋心學之緒而非徒為子孫垂戒而示勸也故君心無沉酒之憂則嘉言罔伏明廷有忠讜之論則嗜欲不開以惕厲之懷而互參其迎拒去留之用禹之好惡何其公帝王升降所由分祗承者必有以善持其始能惡人之所甘而天下不得以寡私肥矣能好人之所厭而天下不得以懿美藏矣八載之勤勞元圭方告其績一朝之兢業惟辟尚歷其憂而受命神宗遂以證心源之若接精一危微所自介惠迪者必有以思保其終故

前遭示逸也作難爲有意必換

能畱元后之所惡而天下無作惡矣能端元后之所好而天下無作好矣損以治其偏私欲何從熾蓋自妙其謙受理何所遺而卿

虞敬肯

維憂德於以觀道法之永垂此禹上接有虞下開商周而為存心之君子也

精實發揮不使題義稍有躲閃上承幾希尤自緊含童脉

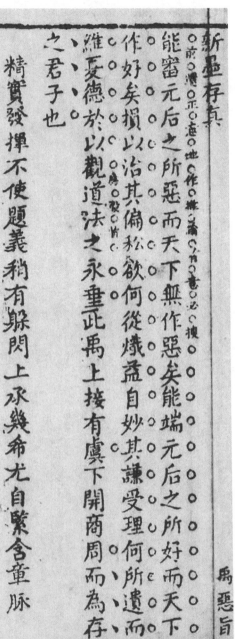

孟子曰禹　一節　劉大馥

稽夏王之存心惡與好皆見心之地也甚矣惡非所惡好非所好均足害吾心也旨酒善言禹所為兢兢也夫昔孟子嚬覽帝王相繼之際而不禁穆然于夏后氏也曰心之易軼也其好惡為之累乎夫好惡何能累心心自為好惡累耳蓋好其可惡惡其可好而心之存焉者寡矣則惡其可惡好其可好而心之不存者抑又寡矣不覩禹乎夫禹非繼舜而為存之君子乎粵稽其生平載在禹謨者卓卓可數吾故弗暇論嘗憶其絶旨酒一事又曰禹拜昌言之二者可引為存心證云嗜慾之移人也每即于所甘夫非有可乘之隙而強而挍

（即把好惡起處甚）（筆意西）（清真入理）

之則必隔焉不相入故天惡也者所以屏天下之邪而使之勿間吾
心也義理之可悅也不必其出于己夫恃其獨見而不加以延攬則
亦一望而無餘故夫好也者所以聯天下之理而使之夾輔吾心也
而爲惡旨酒非惡旨酒也惡天下之旨者類如此酒也蓋自有禹之
求異反淺
惡而天下之所謂旨者不旨也禹好善言善亦無幾也然而天下之
善者類如此言也蓋自有禹之好而天下之一善亦善也是故惡之
不必串
弗力不必其在大也即一飲食之細皆足奪吾清明之志氣而絕天
下得之献爲苦曰吾不惡旨酒吾必有非所惡而惡者故吾爲惡誘
是人心之將萌也吾不爲物引是道心之常堅也則當揚觶以進之

際而諫然者殆不啻若洪水猛獸而好之弗力亦不必其在大也即一聽納之際皆足驗吾念慮之盈虛而隱滋其滔浮之漸焉若曰吾不好善言吾必有非所好而好者故吾斷取其長是揚善之遺軌也吾不曲摘其短是隱惡之夙願也則當止聲以受之餘而欣然者以為直筆于洛書焉矣非然而或湎于酒是心乎好之矣或遺乎善是心乎惡之矣好惡乖而心尚可問耶何以為存之之君子而開三王之首也

起乎詮好惡處清刻可玩所謂作詩不必多往往凌鮑謝也

孟子曰　劉大馥

禹惡旨酒而好善言

劉名烜　西　二十名

郎好惡以觀夏王而存心之全功見矣夫旨酒人所易忽善言人（從、好、惡○入）所難辨也惡之好人禹之心真萬世如見哉今夫人欣厭之懷固（筆、意、跌、利）性情見真之地也人之所易欣者而亦欣之安保所欣者之不郎以溺吾心乎人之所易厭者而亦厭之安知所厭者之不轉足牖吾心乎古聖王性體之渾全未易窺測而其一二端之發於情者（文○氣○一○二○才○入○存○心○得○肯）獨得乎人情之正蓋明德之所垂遠已吾試郎存心以觀禹今夫足以驗心者蓋莫有切于好惡矣昏墊未除精華猶未大啟至於（叙○引）（叙○承）禹而珍奇已貢於九土律度更備於一身我稍有所便而縱情已

辛卯江西

得而中之我稍有所恃而驕氣已得而乘之則盛業者害幾之所

○擣○打○入○心○上○

由伏此亦心源之患也修和未奏制作猶未大光至于萬而萬物

○欺○意○敍○是○正○為○好○惡○他○根○

逢豐美之時一人擅神靈之號我方欲崇儉而下或開貢媚之端

我方欲明讓而下或有獻諛之語則除名者滋累之所由生此亦

心體之危也以觀于禹獨得其好惡之正焉所惡惟何則旨酒是

二比如題○中發透出而事定際○急精

所好惟何則善言是今夫元祀而供酒先王嘗藉此以交神嘉讌

話○勝○格○神一新

而酌酒先王嘗藉此以禮賓酒之為福亦人矣哉而其流則為禍

亦甚烈禹乃惡之蓋以防臣民之崇飲者至矣其志堅忍不可移

○而○字○醒○出○　○淵○重○善○言○從○

而其聽言也如流者遠之逆耳者受之非惟受之又深嗜而篤好

之矜伐所以化乎文命既敷而後人遏溯夏王舟車欙橇之乘以為奈此而勤勞可暫釋焉不知其戰兢之念所以為此心謹好惡之防者固未敢安也且晰堂而獻酒先王常藉此以教忠洗腆而致酒先王常藉此以教孝酒之為功亦溥矣哉而其極則敗德亦可畏禹之惡之蓋以戒子孫之沉酗者密矣其意淵深不可欺而其納言也無稽者斥之當理者聽之非惟聽之又真知而切好之滿假所以除乎服行不距之時人第見夏干韶鐸鐘磬之懸以為至此而治理乃大備焉不知其乾惕之衷所以為此心嚴好惡之辨者固未有已也吾於是知其有繼往之學焉反覆夏謨所載臣

禹惡旨酒　劉

讀書有見

事君多而君事反少偷逸豫自我自開違聰自我而塞其若道統何爲之惕然靡寧者於好惡持其衡而嗜慾必謹猶見汙尊抔飲之遺讜論必陳不殊諫鼓謗旌之設吾于是知其有開來之學焉

前對所此對以下諸王

尚論陟后之初帝統方終而王運伊始尚淳朴自我而滅盈誇自我而增其若德何爲之皇然勿懈者於好惡審其旨而酒志是

學德初帝

雙收

防寞符有事無爽之誥虛懷是聽用啟沃諫弗咈之風此所以紹執中之傳而居三王之首也

惡以堅好之用而字串諧不使題有剩字明眼人粘破遂爾生面獨開

禹惡旨酒而好善言　二節　潘中立　四名

總虞帝而存心夏商之君子可述也夫禹湯之所以存心者事非一端孟子約舉之亦足以具見其概哉今夫心體之全本無間者也而有間者每間於所忽心體之虛又無在也而有在者即在乎所折旋覩其無意之發與有意之施而可得此心離合之端焉相古有夏丕若有殷以聖德而懋王功以治統而兼道統憂予遐哉遡後先之世而近與為法遠與為守得其一二事而令人有曠

立二語為通篇大旨

世相感之思蓋于禹則有微處之可依者矣於湯則有淵大之可

空水點風力自殊

會者矣聖人之學與凡人異而有時庸衆之所因循自便者聖人

（微當可仿）
獨出以真摯之精神聖人之事亦與庶民興而有時庶民之所僅
（淵大可會）
且自安者聖人必酌以化裁之妙用是故旨酒善言惡所當惡而
好所當好者焉也用中立賢執以守正而方以達權者易也以惟
精惟一為心要而惡雖小必懲善雖微必録娩業之衰果决以守
之誠正之懷默啄以出之好惡交持以渾其心與理之分而内無
微之可參外無彙之可察以制事制心為治法而檢身若不及用
人如有遺表正之本精微以特之帝臣之簡廣大以妝之經權互
（追琢近心）
用以善其心與理之則而内之為意必之絶外之為物我之忘蓋
其去淡焉爾矣無所緣而接以嗜必不入也進而奉之則淡然者

又欣然其若渴而以善來者之遠中其欲而若得吾故也惡之盡故好莫尚也且其用確焉爾矣身為矩而取以挈寧莫之憑耶爾而舉之則確然者又渾然其兼收而以賢至者之各有其材而無改吾度也執惟審故立不器也總極盛之後而存誠無間論世者不必有升降之想歷遡傳之遠而中正無偏考古者何目見性反之殊此無他皆憂勤惕厲所以存心于世宙也而文武周公則又總禹湯而起者矣

語藹畜同確能于兩聖人分上闡合存之處頗有發明萬通體讀之覺篇法未甚緊密耳自癸卯甲辰後會墨尤不多見故

墨卷所見者。

集中載者尤少

孟子曰禹　善言　駱壽朋

觀夏王好惡之正情也而合于性矣夫好惡者理欲所由分也乃即旨酒善言以觀而禹之好惡無不慎矣其存心不可見乎嘗思幾希之理離而去之者其見端于好惡乎（抗宕）夫好惡者情也而情有所乖遂足以累性惟古聖王慎持乎用情之準而近乎欲者絕之無不嚴當乎理者取之惟恐後則情不足以累性而性于是乎存矣若是者其禹乎

（貫串細若游絲來太甚便與題合不上）

禹當重華之後而親聆惟危之訓則所以遏人欲者必嚴顧（謂）理人欲之公無欲也而或者情之所嗜中于其微而溺于所忽此亦制防之未審者矣禹本文命之敷而躬受惟微之旨則所以擴道心者必

甞觀聖人之心皆理也而或者氣之偏緣處己于聖而凡人皆愚也亦莫納之未弘者矣乃吾與禹之存心其見于好惡間者何一不慎耶即一旨酒也而亦惡之矣萬物之所甘也我亦從而嗜之將所謂者德清明先天下而凜其匪彝者安在也禹之惡旨酒也其心以為此而不甚浸假而有發之機矣浸假而玩好之日進矣後雖欲力制而不能且後即從此而升者之勿卻其干清心寡欲之適已不能無幾微之間禹欽欽焉嚴以閑吾惡也都一善言也而必好之矣萬理之所寓也我樂從而尚之將所謂虛中克受合天下而亦以許讜者安在也禹之好善言也其心以為此而不好亦奚取乎懸鐸以

求矣亦奚取乎說詞以勸矣外雖文飾而皆虛且外即不飾而片善之偶忽其于集思廣益之道已不能無一念之疎禹故殷殷焉誠以篤吾好也且夫物務特聞群黎皆欲竊一人之好惡以為從違乃禹（設自陰設詞旨細入）以為群黎之竊吾好猶後而一心之自治者在先故功可以定萬方之貢賦而樂今之不敢侈者防檢且過乎中材德足以繼兩聖之勲義而齊量之不自滿者謙沖直同乎下士其精神固有周乎無間者爾且嘆贊交陳在廷皆欲伺天子之好惡以為吁咈乃禹以為在廷（詞源深）之伺我者或實而一心之自持者雖怨故損吾德者必却而甘酒之（懷不竭）訓子孫且奉為彝型益吾德者必資而藝事之陳工瞽劝其獻忱

其德念固有據之基深者爾。此意之存心也。而淵天何耶。曷明博大之中。用意從極沉細。風氣體奏爽。詞意膚淺者。悉當退避三舍。題多佳文。此尤其翹楚也。作勿以屈置副車而忽之。来　費巽

孟子曰　駱壽朋

禹惡旨酒　二節　戴瀚

有見于聖王祗敬之神夏商之天一也夫禹曰祗台德湯曰欽厥德其神千古如見也于酒于善于中于賢存之一天德哉且聖人代嬗天不變則道不變而已夏商以來世纘王之觀帝德稍稍異（替天二字明定禹湯不犯腳下落題）焉然由今以觀謹天戒于至嚴頒天命于至密祗敬之精神昭然（抗筆高老）千古間也夫存之獨舜已哉見知者有禹聞知者有湯又足述已古聖人不震天下以功名所恃者以乘自處即以天自治故四載既乘八年不入東漸西被之餘豈不可以自寬而禹顧凜然也蓋（古雋）以人心莫不有土而誘之者極趣味之可而需滋以求況有不

戴雩郝　制義

知其狂悖者芳醇皆酖毒也故如旨酒必絕焉而亡若善之著

文亦可勒箴銘

為言苟有裨于政道路之口即箴規苟有利于行勁直之詞加賞

愛尊可忌而聖可忍其心且有孜孜也是其惡與好者豈猶夫人

去取之常殆臨之以天畏寓之以天明有不如是而不可者所為

是偶舉一兩事神理

祇台德之神汽令洵無間也吾遇之于尊罍遇之于擊鐸也已古

聖人非濟天下以智勇所恃者以天為憲即以天為躬故萬邦既

懷九圍是式載旆秉鉞之後豈不可以自慭而湯尤惕然也蓋以

人心莫不有則而淆之者極幾微之易爽由游移而壯罔有不知

其叛離者過不及皆奇衰也故惟中是敷布焉而至若賢之異其

亦苟絶倫于官器深知無厄以循資苟適用于藝能善任無苛乎求備取必得而用必盡其心曰為皇皇也是其執與立者豈猶夫人衡鑒之略殆準以天之降衷恭以天之簡在有不如是而不敢者所為敬厥德之神迨今又日新也吾遇之于共球吾遇之于幣聘也已夫襲曆數于神宗至安也譬造攻于夏邑至烈也而謹天戒者若咎深于儆慢若患中于頑讒頑天命者若罔省于撥張若賓繁于簡附不戢有底民淇耶存之則然故曰天不變道亦不變也

（宕○蕩○勁○貴○足○球○琢）

意高筆古審題亦極精當 吳七雲

古質在明范然三代法物 原評

戴雪邨制義

禹惡旨酒　全章

戴名世

惟於三代之聖人，其存心各有可指者焉。夫存心不可見，而見之於其事。合夏商周以觀，而其事殊，其心一焉耳。且夫道者所以持世也，心者所以持道也，而聖人者又所以指心也。吾觀運會推移之際，正賴有此數聖人在宇宙間耳。則辟尚矣。吾又得夫禹之存心，不奢逸也，而其大端則發之於所好與所惡焉。繼而執之書言源也，粹而助之者善言也，而且推之凡其可以蠱吾心與夫可以禪吾心者，其審而擇也，亦若是則已矣。吾又得夫湯之存心不可勝述也，而其大端則著之於行政與用人焉。執而不貳其守者中也，立、不拘

戴田有時文全集

指

其類者賢也由是推之凡其所以操吾心與凡所以用吾心其嚴
而寬也亦若是則已矣越數百年而周興文王其首出也其盛德大
典載於方策者可考而知也然吾第論其不自足之心良已姿矣而
不敢曰治成道已登矣而不敢曰予聖大矣哉文乎一當是時父子作
述一家齊美嗚呼何其盛也讀武王繼起云嘗觀其于遠邇矣
莫不狃于近習之間而忽諸耳目之外武王無是也不泄不忘斯非
其存心之最者之一証耶此三王之四事其大槩固有然者而周公之
惻乃不能已矣近切綏遠之志遠鑒二代之模思其所不合而行其
所已得直且夜以繼焉故予今論周公之德而稱周公之功不衰者

以也夫

節本各乘其事言之若彼此串合皆爲節外生枝此文各自開說極爲得體股法有整有散亦得先正化板爲活法 汪武曹

不蔓不結則有唯經神韵無窮 嘉廬先生

孟子曰禹　善言　戴名世

以好惡論夏王、而可得其存心之大端矣、夫旨酒人所不能惡也、善言人所不能好也、而禹能惡且好之、此禹之所以存心者歟、且吾嘗論古之聖人、其功業不可勝紀也、觀乎其所好所惡之間、而已約略可覩矣、夫易以溺情者、而不至于溺、其為以勝意者、而不至于掃其意、則禹之繼二帝之後、而開三代之先者、亦莫尚而已、豈乎天成地、終古驚以為神奇、而不知其所為、小心與大度、姑之已、散之一二華之間、無怠無荒、臣工猶用為箴儆、而不知其所為人心與道心者、而自能辨之于一、一眾念之頃、今夫物之惡者、常干人以甘、于同人之

所苦也。最欲備其中而不能出諸自爾為甚悅。殺之。而不知其累我
也。而人情之所為繫戀而不已。今者在于此矣。物之美者。嘗示人
以嚴之圖。人之所畏也。是故八音奏而不能受者。善言為甚逆吾耳
○聲色貨利○之○上○諱
而不知其滌吾心也。而人情之所為齋豈而不已。領者在于此矣。禹
則超然遠覽。須知夫千古之患在于酒。而疏而絕之。則凡所為縱欲
○從○黄○與○以○害○
○是○下○并○能○不○出○而○必
而欲度者。自為殺之。皆旨酒斷也。不復念于邪者。自留意于正。而遂
所以寶其所好矣。其善言不少在於明之說。此即庸愚之衆。亦能以
其一得獻于聖人之前。而無不虛懷以拜之矣。且為謹小慎微。豈必
遠問夫常人之亂在于酒。然必謹而去之。則凡所為節性而防淫者

自禹出之旨惡旨酒類也不妄用其情者乃能善用其情而遂得以
專其所好矣其善言不獨在師濟之作也即微賤之倫亦得以其昌
言陳于天子之徒而無不中心以藏之矣吾嘗即其事而想其心知
大禹之憂勤惟此二者之更為擅美而不得疑其聖域之未優吾嘗
讀其書而論其世覺有夏之政治寔此二者之為原本而羔今考古
者之無間然總禹而起者、又在商周間也、

此約舉二事以統為之生平耳旨酒越說得害烈則惡旨酒越見
得有關係善言越說得粗淺則好善言越見得極虛懷語語鞭向
裏去方然存心相關照體認入微文境更清曠軒爽〇田有之文

海內久奉為楷模惜中庸墨義未見郵齎殊為價帙之憾　貴巽來

孟子曰禹　善言　　戴名世

以好惡論憂王、而可得其存心之大端矣、夫旨酒人所不能惡也、善言人所不能好也、而禹能惡且好之、此禹之所以存心者歟、且吾尚論古之聖人○其功業不可勝紀也○觀于其新好所惡之間○而已約畧可覩矣○夫易以溺情者○而不至于溺其情○易以拂意者○而不至于拂其意○則禹之繼二帝之後而開三代之先者○夫豈偶而已哉○平天成地○終古驚以為神奇○而不知其所為小心與大度者○固已徵之一二事之間○無怠無荒○臣工猶用為警戒○而不知其所為人心與道心者○已自能辨之

字字：著筆目欲切題

流發

惡者尚

　順

予人以廿〻圖人之所嗜也是故　酒為此
恍我口而不知其累我心也而人情之所為繫戀而不之舍者在
于此矣物之美者常示人以厭〻圖人之所畏也是故入于懷而
不能受者善言為甚逆吾耳而不知其啓吾心也而人情之所為
棄置而不之顧者在於此矣禹則超然遠覽須知夫千古之患在
于酒而疎而絕之則凡所為縱欲而敗度者自為禍之皆旨酒類
也不從事于邪者自留意于正而遂可以觀其所好矣其善言不
必在神明之佐也即庸愚之衆亦能以其一得獻于聖人之前而
無不虛懷以拜之矣且禹謹小慎微豈必遂同夫常人之亂在于

酒然必謹而去之則凡所爲節性而防淫者自禹出之皆惡旨酒類也不妄用其情者乃能善用其情而遂得以專其所好矣其善言不獨在師濟之臣也即微賤之倫亦得以其昌言陳于天子之廷而無不中心以藏之矣吾嘗即其事而想其心知大禹之憂勤惟此二者之更爲擅美而不得疑其聖域之未優吾嘗讀其書而論其世覺有夏之致治實此二者之爲原本而益令考古者之無間然繼禹而起者又在商周間也

從旨酒抉出所以當惡從善言抉出所以當好意自精警若泛就天理人欲看筆便易至廓 各

禹惡旨酒而好善言　　戴衢亨

述夏王之事、得乎好惡之正也、夫旨酒之與善言其不可概論明矣、惡之好之、不誠有得其正者乎、凡人主一念之愛憎而國家之興亡係焉、故有時絕人之所難絕而屏之惟恐其不嚴、亦有時闢己之所樂闢而嗜之惟恐其弗至、惟深觀乎是非得失之原而主志於以月清者人心即於以不滅（斟清華賦）、蓋嘗觀於有夏而竊嘆先王之明德遠矣（遠奏高騫符采彪炳）、今夫禹非繼舜之心傳而嗣舜以有天下者哉、升禹謨於虞書、原以明三后相承之緒、乃史臣贊頌詳其德者未必遠識其心、則知文命有本原、必實窺諸秉正嫉邪之隱、寵禹貢於夏史

墨卷鴻裁　辛卯江西　論語

墨卷鴻裁　辛卯江西　論語

原以著一王創業之奇乃載籍流傳紀其功者未必不遺其學則（續書其眼）知祇台有實詣當審叩諸去私從理之天夫不見其所惡所好之較然不爽乎其所惡者則旨酒矣酒以成禮不絕以淫而旨酒則（還王而前所以貫）亂德之漸也歌有五而祖訓所戒甘酒爲先惡之者固已幾微之必謹焉其所好者則善言矣言可底績無稽勿聽而善言則輔德（接對）之本也謨有三而厥后克艱嘉言罔伏好之者又不啻饑渴之是（實起支關照出後二比）求焉且夫禹之競競然而致其好惡者豈無所見於性情之正而（崇論鴻讀於人接出料）漫爲是好之惡之乎哉沈湎之風未起而小民之喪德尚未形於（串識高古）明刑弼教之時乃禹之杜漸防微者直不啻擧後人縱酒之咎禍

酒之懲早鑒之於三古淳麗之始也夫以其惡為吾心所必遠則屏除之是力者實無待於擒孫之功天下之易哉其性者或皆古

筆力排蕩得乾坤之清氣

酒之類也知其可惡而乃與神聖同功矣不知其可惡而因以沉溺不返矣偶然之䟫嗜即隱關乎作狂作聖之基古人所以防範維嚴而不敢視為細行之不矜者端為此耳簡賢之事未聞而自

兩劃從俱出常新

用之師心必不見於君咨臣儆之世乃禹之兼收博採者直不啻

之外所觀者亦小矣薪切

舉後世之言逆於心言遜於志畀灼之於一堂授受之先也夫以所好為吾心之秉彝則懿德之皆同者實非出於一人之見天下之足養其德者即皆善言之屬也知其當好而足以見心之本然

矣不知其當好而因以昧德之一致矣片語之樂從即隱係乎公是公非之準古人所為虛衷以聽而不敢等諸空言之無補者正為此耳夫惟嚴其惡之範斯嗜慾之不襟者早裕乎彼好之本懷而正論豈憂於見棄抑惟篤其好之情斯志氣之常惺者益以見公惡之難掩而私意詎得以相淆此禹之明德所為克繼大舜之統哉

才情揮霍復具論古之識中間以簡筆還題提比峭拔千尋後幅汪洋萬頃裸篇亦為盡善　吳青子

禹惡旨　戴